Ludger Abeln

Populäre Niedersachsen-Irrtümer

atb aufbau taschenbuch

Ludger Abeln, geboren 1964 in Meppen/Emsland, Niedersachse von Kopf bis Fuß und Wahl-Ostfriese. Nach geisteswissenschaftlichem Studium (natürlich in Hannover) arbeitet er als Moderator für das NDR-Fernsehen, unter anderem für »Aktuelle Schaubude«, »Niedersachsen 19:30«, »NDR-Quizshow«, »Lebensart«, »Talk op Platt«, »Polizeireport Niedersachsen«, »Ludger packt an«, »Ludger trifft …« und »Ludger zu Fuß«.

Sollte es in Niedersachsen tatsächlich so etwas wie Berge geben? Wieso wird niedersächsischen Mädchen die Begeisterung für Pferde in die Wiege gelegt, und warum ist das auch gut so? Warum müssten heute eigentlich die Welfen und nicht die Windsors auf dem englischen Thron sitzen, und was hat eine untreue Königin damit zu tun? Wer ist schuld daran, dass die Niedersachsen den Titel des größten Bundeslandes an die Bayern verloren haben? Was hat es mit der Ostfriesischen Palme und der Leidenschaft der Niedersachsen für Grünkohl auf sich? Humorvoll und kurzweilig klärt Ludger Abeln über ein verkanntes Bundesland auf und enthüllt verbreitete Irrtümer und Halbwahrheiten über seine Heimat – von Bahlsen bis Leibniz, von Knigge bis Steinhuder Meer, von Münchhausen bis Platt.

»Ebenso unterhaltsam wie gut recherchiert erfährt man hier eine Menge über die Niedersachsen und ihre Mentalität.«

Pusteblume Emsland

Ludger Abeln

Populäre Niedersachsen-Irrtümer

Ein Lexikon

atb aufbau taschenbuch

Mixed Sources
Product group from well-managed forests and other controlled sources
FSC www.fsc.org Cert no. SA-COC-001819
© 1996 Forest Stewardship Council

ISBN 978-3-7466-7099-7

Aufbau Taschenbuch ist eine Marke der Aufbau Verlag GmbH & Co. KG

1. Auflage 2012

Idee: Ulrich Hopp
Umschlaggestaltung Preuße & Hülpüsch Grafik Design
nach dem gestalterischen Konzept von Bauer + Möhring, Berlin
Druck und Binden CPI – Moravia Books, Pohořelice
Printed in Czech Republic

www.aufbau-verlag.de

Vorwort

Niedersachsen ist meine Heimat. Ich bin im Emsland groß geworden, in der Nähe von Meppen. Meppen war lange Kreisstadt, bevor der Landkreis mit gleichem Namen aufgelöst wurde. Genau wie der Kreis Aschendorf/Hümmling und der Kreis Lingen. Zusammen wurde aus ihnen der Landkreis Emsland, der in der Fläche zwar größer ist als das Bundesland Saarland, seit der Wiedervereinigung aber nur noch der zweitgrößte Landkreis in der Bundesrepublik. Getoppt vom Landkreis Uckermark in Mecklenburg-Vorpommern. Die Kirche in meinem Heimatdorf Bokeloh gilt als die älteste im Emsland. Die Hase ist kein Tier, sondern der Fluss, der am Fuß der Kirche vorbeifließt und in Meppen in den Dortmund-Ems-Kanal mündet.

Dieses Wissen über seine unmittelbare Umgebung bekommt man in der Schule vermittelt, erfährt man bei Ausflügen oder so nebenbei beim Lesen der Zeitung oder aus Büchern. Vieles von dem, was man sicher zu wissen glaubt, entpuppt sich bei genauerem Hinsehen aber auch als Irrtum oder Missverständnis. Wenn ich im Land unterwegs bin, erlebe ich oft, dass man im Süden Niedersachsens die ein oder andere falsche Vorstellung vom Norden hat – und umgekehrt. Ganz zu schweigen vom Wissen um die gemeinsame Geschichte. Deshalb habe ich dieses Buch geschrieben. Darin erfahren Sie von Irrtümern, Superlativen und Geschichten aus und um Niedersachsen.

Niedersachsen ist wie der Landkreis Emsland in punkto Größe die Nummer zwei im Bundesvergleich. Nur Bayern ist noch größer. Wer in Niedersachsen »moin« sagt, kommt meistens aus dem Norden des Landes. Dass »moin« aber nicht »guten Morgen« bedeutet, wissen selbst dort längst nicht alle. Die »Göttinger Sieben« waren keine Bande von Revolverhelden, die im Süden Niedersachsens wild um sich geschossen haben. Hameln ist zwar in aller Welt als die »Rattenfängerstadt« bekannt, trotzdem dürfen Sie bei einem Besuch der Stadt davon ausgehen, dass Sie dort genauso oft oder eben selten eine Ratte antreffen werden wie in jeder anderen Stadt in Niedersachsen oder der Bundesrepublik.

Der Sinn dieses Buches ist, Ihnen auf lockere Art und Weise Wissen über Niedersachsen zu vermitteln, das Sie vielleicht nicht unbedingt brauchen, das Ihnen aber bei gesellschaftlich so beliebten Vergleichsstreitigkeiten helfen wird. Wer hat die meisten Einwohner, wer hat die höchsten Berge oder wo steht das älteste Schloss?

Eins ist klar: Wer mit Bewohnern anderer Länder, Bundesländer oder Regionen zusammentrifft, der muss sich oftmals messen. Wo steht zum Beispiel der schiefste Turm der Welt? Die Antwort wird oft »Pisa« lauten. Da können Sie helfen. Der schiefste Turm der Welt steht nämlich … richtig, in Niedersachsen. Und wenn Sie dieses Buch lesen, erfahren Sie auch noch, warum der Turm so schief steht. Damit vermitteln Sie Ihrem Gegenüber nicht nur Wissen über Ihr Land, sondern auch noch Kompetenz im Detail.

Dieses Buch ist darüber hinaus auch ein Nachschlagewerk für kuriose Geschichten aus dem Land. Doktor Eisenbarth zum Beispiel war gar kein Scharlatan, wie viele behaupten. Häuptlinge gibt es nicht nur auf dem amerikanischen Kontinent. Granat ist keinesfalls ein Sprengstoff, der in niedersächsischen Bergwerken eingesetzt wurde. Und wo wir gerade bei Bergwerken sind: Den »Harzer Roller« können Sie zwar heute als Käse im Kühlregal kaufen, ursprünglich war er aber sehr lebendig und konnte sogar singen.

Sind Sie neugierig geworden? Dann ist dieses Buch genau das Richtige für Sie. Suchen Sie sich ein Stichwort aus und fangen Sie an zu lesen. Sie werden schon sehen, was Sie davon haben werden und für den Alltag gebrauchen können. Ich wünsche Ihnen in jedem Fall gute Unterhaltung.

Ihr Ludger Abeln
Emsländer, Wahl-Ostfriese, Niedersachse

Adel

In Niedersachsen hatten alle Adligen herkömmliche Titel

Sie tanzen um Lagerfeuer, jagen Büffel durch die Steppe und ziehen sich nachts in ihre Tipis zurück: die Indianer. Angeführt werden sie von federgeschmückten Häuptlingen, die mit Freunden eine Friedenspfeife rauchen. Was sind dagegen schon Freiherrn, Barone, Grafen oder Fürsten? So einen Titel kann ja jeder tragen oder kaufen oder bekommen. Da muss man sich nur Frédéric von Anhalt und seine adoptierten, ehemals im besten Fall bürgerlichen Söhne ansehen.

In Niedersachsen gab es echte Häuptlinge. Sie stammten nicht von den nordamerikanischen Stämmen wie den Sioux oder den Apachen ab. Sie trugen auch keinen Federschmuck auf dem Kopf, zumindest ist das nicht überliefert. Das Siedlungsgebiet der niedersächsischen Häuptlinge lag in Ostfriesland und Friesland. Dort wurden sie »Hovetlinge« genannt. Ostfriesland war im 12. und 13. Jahrhundert nicht nur ein weites, sondern auch ein freies Land. Die üblichen Herrschaftsstrukturen galten dort nicht. Die »freien Friesen« waren stolz auf ihre Art zu leben, ohne Herrscher und Hierarchien. Sie hatten sich genossenschaftlich organisiert: Jeder, der Eigentümer einer Hofstelle war und ein wenig oder auch ein wenig mehr Land drum herum besaß, der war allen anderen Hofbesitzern gleich gestellt.

Damals herrschte schon so etwas wie eine Demokratie. Die öffentlichen Ämter der Richter wurden quasi jährlich ausgeschrieben: Die »Rejeven« wurden gewählt. Es waren jedoch meist die gebildeten Besitzer von großen Hofstellen, die zu Richtern gemacht wurden. Als Statussymbole für ihren Reichtum und ihren Einfluss bauten sie sich Steinhäuser, die Vorläufer der späteren Häuptlingsburgen. Also, nichts war's mit Zelt und Lagerfeuerromantik. Dafür gab es in Ostfriesland zu wenig Steppe und keine unendlichen Weiten.

Recht gesprochen wurde bei den »freien Friesen« am »Upstalsboom«. Was heute vielen als Hotelkette bekannt ist, war und ist noch immer ein Ort in der Nähe von Aurich, eine Thingstätte. Ursprünglich mal ein Grabhügel, ähnelt es heute einer Pyramide. Das Loswort der Friesen (»Eala Frya Fresena«) ist heute noch im Wappen Ostfrieslands zu finden. Einmal im Jahr, zu Pfingsten, traf man sich und besprach die wichtigsten Themen. Oft ging es um Streitigkeiten um Ländereien oder den Verlauf von Grenzen.

Eine Vielzahl von Krisen wie die große Marcellussturmflut im Jahr 1362 (↑Blanker Hans), Hungersnöte und später auch die Pest brachten das System der gleichberechtigten Partnerschaften durcheinander. Die Familien der Häuptlinge wurden immer machtbewusster und gründeten echte Dynastien. Die Kluft zu den einfachen Bauern vergrößerte sich stetig. Steuern blieben allerdings auch unter den Häuptlingen weiter unbekannt. Wie beneidenswert!

Zu Geld kamen die Häuptlinge auf andere Weise, zum Beispiel durch Seeraub: Sehr beliebt war das Setzen falscher Seezeichen, um Handelsschiffe an der Küste auflaufen zu lassen. Dann wurden die Waren einfach über den Strand an Land geschafft. Oder sie führten Fehden ge-

geneinander. Außerdem verpachteten sie Ländereien und verkauften ihren Schutz an die Untertanen.

Zu den Häuptlingsfamilien der damaligen Zeit gehörten in der Region um Marienhafe die Familie »tom Brook«, in Emden die Familie »Abdena«, in Greetsiel und Norden die Familie »Cirksena«, rund um Leer die Familie »Ukena«, in Osterhusen Familie »Allena« und in Rüstringen und Bant die Familie »Wiemken/Papinga«. Die »tom Brook« waren eine wirklich mächtige Familie; noch heute heißt ein ganzer Landstrich in Ostfriesland »Brookmerland«. Die Häuptlingsfamilien waren stolz auf ihre Eigenständigkeit. Es wurde auch untereinander geheiratet. »Dick to dick!« nennt sich das auch heute noch. Die Häuptlinge ließen sich ungern etwas diktieren. Als der Seeräuber ↑Klaus Störtebeker mit seinen Mannen auf der Flucht vor den Schiffen der Hanse und des Deutschen Ordens Zuflucht suchte, fand er sie bei den friesischen Häuptlingen. Die Vitalienbrüder arbeiteten für die Häuptlinge bis zu dem Tag, an dem sich die Hanse entschloss, gegen die Beschützer der Seeräuber vorzugehen. Die Drohung führte dazu, dass zwei Häuptlinge, Edo Wiemken und Keno II. tom Brook, die Freundschaft zu den Vitalienbrüder aufkündigten. Die fanden bei Hisko von Emden und dem Grafen von Oldenburg neue Unterstützer. Die Flotte der Hanse machte dem Spuk trotzdem ein Ende. Zuerst eroberte sie Emden und von dort aus die Burgen und Festungen jener Häuptlinge, die die Vitalienbrüder unterstützten. Danach schworen alle Häuptlinge den Seeräubern ab. Trotz der Tatsache, dass jetzt die Truppen der Hanse im Land standen, fanden die Häuptlinge untereinander keinen Frieden.

Im 15. Jahrhundert hatten die Bauern die Nase voll von ihren Häuptlingen. Focko Ukena aus Leer verbündete sich mit vielen anderen und besiegte Ocko tom Brook. Als die Hamburger eine neue Flotte gegen die Ostfriesen aufstellten, war es nach einigen Schlachten endgültig vorbei. Die letzte Häuptlingsfamilie der Ostfriesen, die Cirksena, nahm im Jahr 1464 von Kaiser Friedrich III. den Stand der Reichsgrafen an. Ostfriesland fiel dem Kaiser als Reichsgrafschaft zu. Die Zeit der großen Fehden, aber auch der Häuptlinge war damit zu Ende. Anders als in Amerika gab es hier nicht einmal Reservate für sie.

Heinrich Schmidt, Politische Geschichte Ostfrieslands, Leer 1975

Alle Vögel sind schon da → Nationalhymne

Alle Vögel sind schon da → Nationalhymne

Alpenkatze → Käfer

Alpenkatze → Käfer

Altes Land

Das »Alte Land« ist der älteste Teil Niedersachsens

Trotz seines Namens ist das Alte Land genauso alt oder jung wie der Rest Niedersachsens auch. Der Name stammt wohl vom Plattdeutschen »Olland« ab. Diesen Begriff dürften die niederländischen Kolonisten dem Landstrich bei ihrer Ansiedlung gegeben haben. Zu Beginn des 12. Jahrhunderts kamen sie in die Elbmarsch und bauten als geübte Deichbauer auch die Befestigungen an der Elbe. Der Name der Gemeinde Hollern erinnert heute noch an die Zeit der »holländischen« Einwanderung.

Das Alte Land gehört zur Elbmarsch und liegt südlich der Elbe in Niedersachsen und Teilen Hamburgs. Zum niedersächsischen Teil gehören die Gemeinden Jork, die Samtgemeinde Lühe und der Neu Wulmstorfer Ortsteil Rübke. In Hamburg gehören die Stadtteile Neuenfeld, Cranz und Francop dazu. Zur Tourismusregion »Altes Land« zählen sich aber auch noch Finkenwerder, Stade, ↑Buxtehude, Horneburg, Neukloster und Dollern. Die maximale Ausdehnung liegt dann bei etwa 183 Quadratkilometern.

Egal, wer wirklich dazu gehört oder nicht: Das Alte Land ist auf jeden Fall ganz weit vorne in Sachen Obst. Auf einer Fläche von 14 300 Hektar wird hier Baumobst angebaut. Damit ist das Alte Land das größte zusammenhängende Obstanbaugebiet in Mitteleuropa. An circa achtzig Prozent der Bäume wachsen Äpfel, an zwölf Prozent Kirschen, und der Rest entfällt auf Pflaumen, Birnen und anderes Baumobst. Dass der Obstanbau heute noch so florieren kann, hat seinen Ursprung in der Geschichte. Die Holländer waren es, die das Land entwässerten, mit Deichen vor neuen Überflutungen schützten und damit urbar machten. Sie teilten die Gegend in drei Meilen ein: Die ersten Deiche entstanden in der ersten Meile. Die liegt zwischen den Flüssen Schwinge und Lühe. Als sie um 1140 mit der Arbeit fertig waren, kam die zweite Meile zwischen den Flüssen Lühe und Este an die Reihe. Das dauerte ungefähr bis zum Ende des 12. Jahrhunderts. Zu guter Letzt machte man sich an die dritte Meile. Diese Arbeit dauerte am längsten. Erst gegen Ende des 15. Jahrhunderts standen die Deiche zwischen Este und Süderelbe.

Während der Besiedlung arbeiteten die Menschen nicht nur an den Deichen, sondern auch auf dem neu eingedeichten Land, dessen Marschboden sehr fruchtbar war und ist. Dabei nannte man das bereits erschlossene Gebiet »altes Land«, das noch nicht erschlossene dagegen »neues Land«. Zum Schluss war logischerweise nur noch »altes Land« übrig, und der Name der heutigen Region stand fest! Die Holländer bauten ihre Dörfer zuerst entlang der Kanäle, später entlang der Straßen. Dabei entstanden die heutigen Hufendörfer, bei denen die Wohn- und Wirtschaftsgebäude direkt an der Straße stehen und die Grundstücke nach hinten raus schmal und lang sind.

Die bäuerliche Kultur ist heute noch sehr verbreitet, und das fruchtbare Land machte viele reich. Weil es den Bauern so gut ging, zeigten sie es auch. Je mehr sie mit ihrem Land verdienten, desto größer wurden die sogenannten Prunkpforten am Eingang zu ihrem Hof. Oft werden sie als Brautpforten oder Hochzeitspforten bezeichnet. Das ist aber falsch. Ihr Zweck war ein anderer: Wer auf einen Altländer Bauernhof wollte, der musste durch die »Altländer Prunkpforte«. Damit war für den Besucher gleich klar, wie gut es dem Besitzer ging. Meist ist das Holzwerk unter einem kleinen Dach rund gebogen und trägt in der Spitze eine große Traube. Das symbolisiert die Fruchtbarkeit der Region. Links und rechts findet man häufig Löwenköpfe, die einerseits als Statussymbole dienten und andererseits auch das Böse vom Haus fernhalten sollten. Die Tradition der Prunkpforten könnte auf die Handwerker zurückgehen, die im 17. und 18. Jahrhundert die Kirchen im Alten Land gebaut haben. Für die war das ein schöner Nebenerwerb. Heute hängen Pforten und Reichtum nicht mehr zwingend zusammen.

Der bekannteste Ort des Alten Landes ist Jork – mit »J«. 1221 wurde der Ort erstmals erwähnt. Als die Preußen noch das Sagen hatten, machten sie Jork zur Kreisstadt. Mittlerweile gehört es zum Kreis Stade. Der Ort hat heute auch eine Königin: Am ersten Mai-Wochenende wird hier jährlich die Altländer Blütenkönigin gewählt. Das ist nicht nur ein Highlight für die Altländer selbst, sondern das Blütenfest mit Blütenkorso zieht Tausende Besucher an.

Wer in den Sommermonaten ins Alte Land fährt, der darf sich nicht erschrecken, wenn es ab und zu kracht. Das sind keine Fehlzündungen von Traktoren oder Mopeds, sondern Knallapparate, die mit Propangas funktionieren. Viele Landwirte stellen solche »Kirschböller« oder »Spreenhüter« auf, damit die Vögel nicht alle Kirschen vom Baum picken. Die Altländer haben sich mittlerweile an das Geräusch gewöhnt, aber manche Vögel offenbar auch. Zur Sicherheit kommen immer zusätzlich Vogelschutznetze zum Einsatz.

Wer so viel Obst anbaut, der muss vor Gesundheit nur so strotzen. »Vitaminland« wäre daher vielleicht eine Alternative zum Namen »Altes Land«. Das hört sich in jedem Fall frisch und gesund an. Da, wo die Frische zu Hause ist. Das würde auch erklären, warum es im Alten Land neben den vielen jungen Menschen auch so viele ältere gibt. Wer gesund lebt, wird eben alt.

www.tourismus-altes-land.de; Oliver Falkenberg/Linda Sundmaeker, Das Alte Land, Bremen 2008

Amerika

Amerika und Russland liegen weit auseinander

Wer auf dem Globus Russland und Amerika finden will, der hat damit in der Regel keinerlei Probleme. Es sei denn, er hat in Erdkunde einfach nicht aufgepasst und daher überhaupt keine Ahnung von Topografie.

Aber es geht groß, und es geht auch klein. Zwar sind Russland als größtes Land der Welt und Amerika, immerhin ein ganzer Kontinent, zusammen riesig, aber sie finden trotzdem ihren Platz in Niedersachsen. Und sie liegen gar nicht so weit auseinander. Dazu reisen wir einfach nach Ostfriesland. Klar: Die spinnen die Ostfriesen! Nicht umsonst werden so viele Witze über sie gemacht (↑Ostfriesenwitze). In Ostfriesland ist nicht alles so, wie man es sich vorstellt. Vielleicht ist dieser Landstrich ja gerade deshalb so angesagt.

Wer in Ostfriesland sagt: »Ich fahre mal eben schnell nach Russland!«, der fährt nach Friedeburg. Dort heißt tatsächlich ein Ortsteil so, vermutlich, weil in einer längst vergangenen Zeit, als der Jadebusen mit seinen Wassern noch beinah bis nach Friedeburg reichte, in der Nähe ein Mann im Moor lebte, den sie den »Russen« nannten. Nach ihm soll dieser Ort benannt worden sein.

Eine zweite Erklärungsmöglichkeit wäre die Bodenbeschaffenheit der Gegend: Karges Land, wenig Erträge – so stellte man sich wohl Russland vor. Eine dritte Variante erzählt von der Anwesenheit eines Köhlers, der hier rußgeschwärzt seine Holzkohle herstellte. Egal, welche Erklärung stimmt: Jeder kann »Russland« ohne Grenzkontrollen und Visum besuchen. Und man ist auch relativ schnell durchgefahren.

Etwas anderes hat es wohl mit dem nahe gelegenen Ortsteil »Amerika« auf sich. Ostfriesland wurde, wie viele Regionen Deutschlands, immer wieder von tiefgreifender Armut, Hunger, Missernten und Wirtschaftskrisen heimgesucht. Besonders in zwei Auswanderungswellen zwischen den Jahren 1880 und 1925 haben viele Familien aus der Not heraus ihre angestammte Heimat verlassen, um in der »Neuen Welt« ihr Glück zu suchen. Dafür nahmen sie enorme Strapazen auf sich. Und nicht alle haben es geschafft. Diejenigen, die sich nicht überwinden konnten, blieben in der Heimat. Ihr Kinderreichtum führte dazu, dass viele sich neue Gebiete für ihr Weiterkommen suchen mussten. Als Kolonisten siedelten sie dann in Gegenden, die bislang brachlagen. Einige von ihnen fanden dabei ihr »gelobtes Land«, ihr »Amerika«. Nur, dass es eben gleich um die Ecke lag.

Von den Anstrengungen und Strapazen der damaligen

Zeit ist heute nicht mehr so viel zu spüren. Irgendwie herrscht Idylle zwischen Amerika und Russland. Keine politischen Spannungen, eine gemeinsame Währung, keine Atomwaffen, kein Kalter Krieg.

Wer Lust hat, kann bei einer zweistündigen Wanderung beide Orte erkunden. Zur Belohnung gibt es eine Urkunde darüber, dass man von Russland nach Amerika gewandert ist. Ein Ausflug nach Wiesmoor oder Aurich lohnt sich übrigens auch.

www.gemeinde-friedeburg.de

Andersen, Lale

Die berühmte Sängerin war keine Niedersächsin

Viele halten Lale Andersen wegen ihres Namens und ihrer Stimme für eine Skandinavierin. Weit daneben! Lale Andersen hieß nämlich nicht immer Lale Andersen. Den Künstlernamen hat sie sich erst viel später zugelegt.

Geboren wurde sie am 23. März 1905 als Liese-Lotte Helene Berta Bunnenberg. Ihr Geburtsort ist Lehe, heute ein Stadtteil von Bremerhaven und damit im Bundesland Bremen gelegen. Zur Zeit ihrer Geburt gehörte Lehe noch zur Provinz Hannover und wurde 1924 zusammen mit Geestemünde zur Stadt Wesermünde. Wesermünde war damals nach Hannover und Osnabrück die drittgrößte

Stadt der Provinz und außerdem deren wichtigster Hochseehafen. Nach dem Zweiten Weltkrieg wurde aus Wesermünde und Bremerhaven die heutige Stadt Bremerhaven.

Die kleine Liese-Lotte war die Tochter eines Schiffstewards. Viel weiß man über ihre Kindheit nicht. Sie war ein echtes Küstenkind und konnte auch Plattdeutsch (↑Platt). Kein Wunder, denn 1905 wurde im ganzen Norden noch viel Niederdeutsch gesprochen. Später hat sie eine Schallplatte unter dem Titel »Lale Andersen singt plattdeutsche Volkslieder« veröffentlicht. Heute würde man sie wohl als frühreif bezeichnen. Mit siebzehn Jahren, andere Quellen sagen mit neunzehn, heiratete sie den Maler Paul Ernst Wilke. Wilke, der eigentlich Landschaftsmaler werden wollte, wurde im Ersten Weltkrieg an der Front verwundet. Im Lazarett in Berlin nutzte er die Zeit, um an der Berliner Kunstakademie zu studieren. Von 1916 bis 1918 besuchte er die Bremer Kunstgewerbeschule, 1921 kehrte er nach Bremerhaven zurück. 1922 heiratete er die junge Liese-Lotte.

Die beiden bekamen zwischen 1924 und 1929 drei Kinder: Björn, Carmen-Litta und Michael. Der Wunsch, Sängerin zu werden, hat Liese-Lotte jedoch nie losgelassen. Nach der Geburt der drei Kinder nahm sie Schauspiel- und Gesangsunterricht. 1931 passte das nicht mehr in ihr Familienleben.

Heute würde man sagen: Sie brach aus und verwirklichte ihren Traum. Sie verließ ihre Familie und ging nach Berlin. Die Ehe mit Paul Ernst Wilke wurde 1931 geschieden. Die beiden Söhne wuchsen bei der Mutter auf, um die Tochter kümmerte sich ihre Schwester Thekla.

Im Jahr der Scheidung betrat sie auch zum ersten Mal

die Bretter, die die Welt bedeuten. Unter dem Namen Lieselott Wilke am »Deutschen Künstlertheater«. Sie bekam weitere Engagements an verschiedenen Berliner Bühnen, aber der Start war dennoch recht mühsam. 1933 entschied sie sich, die deutsche Hauptstadt zu verlassen. Es zog sie in die Schweiz ans Schauspielhaus Zürich. Dort arbeitete sie eng mit dem Intendanten und Komponisten Rolf Liebermann zusammen. Aus dieser Arbeitsbeziehung wurde eine Liebesbeziehung. Dies war auch die Zeit, in der sie ihren Künstlernamen Lale Andersen annahm.

Nach vielen Engagements an verschiedenen Bühnen, unter anderem in München, kehrte sie nach Berlin zurück. 1939 nahm sie dann das Lied auf, das sie bald weltberühmt machen sollte: »Lili Marleen«. Hans Leip hatte den Text dazu schon 1915 geschrieben. Bei ihm hieß es noch »Lied eines jungen Wachpostens«. Die Musik kam von Norbert Schultze. Es war nicht von Anfang an ein Top-Hit.

Dazu wurde es erst, als der Soldatensender Radio Belgrad es 1941 jeden Abend um 22 Uhr als Schlussstück spielte. Die deutschen Soldaten machten es zu ihrem Lieblingslied. Es verbreitete sich sehr schnell in ganz Europa und wurde bald auf beiden Seiten der Front gehört. Lale Andersen wurde von dem Erfolg völlig überrascht. In dem Lied geht es um einen Soldaten, der von seiner Liebsten träumt:

Vor der Kaserne, vor dem großen Tor,
Stand eine Laterne und steht sie noch davor.
So woll'n wir uns da wiederseh'n,
Bei der Laterne woll'n wir steh'n,
Wie einst, Lili Marleen.

Unsere beiden Schatten sah'n wie einer aus,
Dass wir so lieb uns hatten, das sah man gleich daraus.
Und alle Leute soll'n es seh'n,
Wenn wir bei der Laterne steh'n,
Wie einst, Lili Marleen.

Schon rief der Posten: Sie blasen Zapfenstreich,
Es kann drei Tage kosten! Kamerad, ich komm' ja gleich.
Da sagten wir Aufwiederseh'n.
Wie gerne wollt' ich mit dir geh'n,
Mit dir, Lili Marleen!

Deine Schritte kennt sie, deinen schönen Gang.
Alle Abend brennt sie, mich vergaß sie lang.
Und sollte mir ein Leid gescheh'n,
Wer wird bei der Laterne steh'n,
Mir Dir, Lili Marleen?

Aus dem stillen Raume, aus der Erde Grund,
Hebt mich wie im Traume dein verliebter Mund.
Wenn sich die späten Nebel dreh'n,
Werd' ich bei der Laterne steh'n
Wie einst, Lili Marleen.

Trotz der Beliebtheit des Liedes wurde es 1942 vom NS-Regime verboten. Als Begründung führten die Reichskulturkammer und das Propagandaministerium den »morbiden und depressiven« Text mit »wehrkraftzersetzender Wirkung« an. Reichspropagandaminister Goebbels soll es sogar »Lied mit dem Totentanzgeruch« genannt haben.

Die Maßnahmen führten so weit, dass man Lale Andersen verbot, dieses Lied zu singen. Dieses Verbot wurde später etwas gelockert.

Kurz vor Kriegsende zog die Sängerin auf die Nordseeinsel Langeoog. Nach dem Ende des Zweiten Weltkrieges wurde es etwas stiller um sie. 1949 heiratete sie den Schweizer Liedkomponisten Artur Beul. Mit ihm kam der Erfolg zurück. Er schrieb mehr als zwanzig Lieder für sie. Unter anderem »He, hast Du Feuer, Seemann?«, »Lieselott aus Bremerhaven« oder »Die Fischer von Langeoog«.

Sie war wieder da. Ihr Repertoire bestand vor allem aus Liedern, die an der Küste, in Häfen oder unter dem blauen Himmel der Meere spielten. Sehnsucht pur. Sie machte viele Konzertreisen, trat des Öfteren in der Fernsehsendung »Haifischbar« auf und versuchte sich beim »Grand Prix de la Chanson«, dem heutigen »Eurovision song contest«.

Einen letzten großen Erfolg landete Lale Andersen 1972 mit ihrer Autobiografie »Der Himmel hat viele Farben«. Das Buch wurde wochenlang in der SPIEGEL-Bestsellerliste geführt. Am 29. August 1972 starb sie in Wien. Bestattet wurde sie auf ihrer geliebten Insel, auf dem Inselfriedhof von Langeoog. Ihr ehemaliges Haus, der »Sonnenhof«, ist heute ein Ausflugslokal auf der Insel. Dorthin war die »kleine« Liese-Lotte aus Lehe gern zurückgekehrt, wenn ihr das Leben »da draußen« zu anstrengend wurde.

Albert Carlsson, Lili Marleen. Das Schicksalslied der Lale Andersen, in: Letzburger Journal, Luxemburg 2010; Michael Wilke, Künstlerkind, Berlin 2010; Lale Andersen, Der Himmel hat viele Farben, Deutsche Verlags-Anstalt Stuttgart 1972

Artland

Das Artland ist eine beliebte Künstlerkolonie in Niedersachsen

Das Artland liegt im südlichen Oldenburger Münsterland und gehört zum Landkreis Osnabrück. Woher der im Jahr 1309 erstmals belegte Name kommt, weiß man nicht genau. Das »Art« darin hat aber auf jeden Fall nichts mit Kunst zu tun.

Trotzdem beherrschen die Artländer eine besondere Kunst: Den Bau von einzigartigen Hofanlagen. Geprägt wird das Artland vor allem durch seine in Europa einzigartige Bauernhofkultur. Wer hier unterwegs ist, kommt immer wieder an gepflegten und sehr großen Hofanlagen vorbei. In vielen davon kann man heute sogar Hochzeiten oder große Feste feiern. Oft gibt es auch liebevoll eingerichtete Hofcafés, die hausgemachten Kuchen zu Kaffee oder Tee servieren. Mehr als hundert dieser Höfe stehen unter Denkmalschutz. Oft findet man sie idyllisch eingebettet in parkähnlichen Anlagen. Die Gebäude sind meistens aus Fachwerk gebaut und haben verzierte Giebel. Diese Architektur ist so einzigartig, dass die »Deutsche Stiftung Denkmalschutz« zusammen mit dem Landkreis Osnabrück das Projekt »Kulturschatz Artland« ins Leben gerufen hat. Als Kunst kann man auch die reichverzierten Fronten der Artländer Möbel bezeichnen, vor allem die Hochzeits- oder Brauttruhen. Gegen Ende des 17. Jahrhunderts tauchte darauf erstmals ein Motiv auf, das danach auch andere Artländer Möbel zierte: die Wellenranke mit Drachenkopf.

Besonders stolz sind die Artländer auf die »Artland Dragons«. Diese »Drachen« sind ein Basketball-Club aus der 13 000-Einwohner-Stadt Quakenbrück, der Hauptstadt des Artlandes. In der Artland Arena spielen die »Dragons« um Punkte und Titel. Den sportlichen Höhepunkt feierte die Mannschaft in der Saison 2007/2008. Da wurden die »Drachen« Deutscher Vizemeister und Deutscher Pokalsieger.

Durch das Artland führt auch die »Artlandroute«. Auf 142 Kilometern geht es dabei an den schönen Artlandhöfen vorbei, durch viele historische Ortskerne, zur eindrucksvollen Schlossanlage in Fürstenau und zum Stift Börstel. Börstel ist ein ehemaliges Zisterzienserkloster und beherbergt heute ein freiweltliches Damenstift, wunderschön gelegen in einem alten Waldgebiet. Richtig mystisch wird es dann an den Kultstätten und den Opfersteinen im Bippener Wald.

Ob Kunst oder nicht, das Artland hat also eine ganze Menge zu bieten.

Gudrun Kuhlmann, Das Artland und die historische Stadt Quakenbrück in ihrer historischen Entwicklung, Oldenburg 2004

Bahlsen

Der rechteckige Butterkeks mit Zacken wurde in Hannover erfunden

»Nur echt mit 52 Zähnen!« Klar, denken Sie, das kenne ich aus meiner Kindheit! 52 Zähne hat kein Mensch, kein Hai, höchstens ein Sägeblatt oder das Kettenblatt bei einem Rennrad.

Oder ein rechteckiger Butterkeks. Doch, das geht: Je vierzehn Zähne an den Längsseiten, je zehn an den kurzen Enden und vier besonders dicke an den vier Ecken, macht insgesamt 52. »Nur echt mit 52 Zähnen« ist auch der Werbespruch zum Leibniz-Keks von Bahlsen.

Hermann Bahlsen war der Gründer der »Hannoverschen Cakes-Fabrik H. Bahlsen«. Er aß für sein Leben gern »cakes«. Weil es die bis dahin aber in Deutschland noch nicht gab, hat er sie 1891 quasi neu erfunden. Seitdem kann man sich kein Kinderleben ohne die Kekse mit den 52 Zähnen vorstellen. Das wird vererbt, von Generation zu Generation. Da wird gezählt, jeder Zahn einzeln, bevor der Biss in den Keks kommt. Einen Wermutstropfen hat das Ganze: Wer hat's erfunden, das mit den 52 Zähnen? Wohl nicht der Herr Bahlsen.

Indizien deuten ganz klar darauf hin, dass, nein, nicht die Schwizzer, ausgerechnet die Franzosen schneller waren. Schon 1886, also fünf Jahre vor Bahlsen, konnten Kinder und Erwachsene »Le petit-beurre de LU« kaufen. Einen Butterkeks mit 52 Zähnen. Einen rechteckigen Butterkeks. Den hatte sich Louis Lefèvre-Utile in Nantes ins Schaufenster gelegt. Mitten auf dem Keks prangen heute noch seine Initiale »LU«. Auf die Form ist LU übrigens gekommen, als er eine Tischdecke seiner Großmutter näher betrachtete. Bei Bahlsen waren es wohl, typisch Deutsch, eher formale Gründe: Sieht ordentlich aus, so ein Keks. Die beiden Naschereien könnten miteinander verwandt sein, so ähnlich sind sie sich.

Dabei müssen wir das Licht von Hermann Bahlsen nicht unter den Scheffel stellen. Der Unternehmer ging mit offenen Augen durch die Welt. Immer neue Ideen brachten ihm Reichtum und Ansehen. Mit der Bezeichnung »Leibniz-Keks« im Jahr 1893 erfand er eine der ersten Produktmarken in Deutschland. Damals lag es voll im Trend, neue Produkte mit Namen berühmter Persönlichkeiten zu schmücken. Und ↑Leibniz war ein sehr berühmter Wissenschaftler.

Heute ist das nicht anders. Fußballstar Sebastian Schweinsteiger macht Werbung für eine Wurst-to-go, Top-Model-Mutti Heidi Klum lässt sich nur von einer bestimmten Marke den Kopf waschen und George Clooney, der Arzt, dem die Frauen vertrauen, besticht den lieben Gott in Gestalt von John Malkovich mit einer Espressomaschine. Bahlsen machte aber noch mehr. Als einer der ersten Unternehmer gab er Leuchtreklamewerbung für sein Produkt in Auftrag. Der 52-Zähne-Keks wurde am Potsdamer Platz in Berlin werbeträchtig illuminiert. Und wenn der Keks ein Auto gewesen wäre, Hermann Bahlsen hätte den Titel als Erfinder der Produktion am Band eingeheimst. Schon 1905 liefen die Kekse in seiner Fabrik über ein Fließband. Die deutsche Autoindustrie zog erst viel später nach; dort lief das erste Fließband 1924 bei Opel in Rüsselsheim an.

Das Wort »Keks« stammt übrigens auch von Bahlsen. Als er mit dem Keksebacken loslegte, nannte ganz Deutschland das Hartgebäck noch »Cakes«. Das nervte Bahlsen. Denn es hörte sich so mancher Spruch einfach nicht rund, sondern genauso kantig an wie seine Kekse: »Was isst die Menschheit unterwegs? Na, selbstverständlich Leibniz-Cakes!«

Ein Wettbewerb für die beste Übersetzung des englischen »cakes« kürte übrigens damals das Wort »Knusperchen« zum Sieger. Heute würden Werbefachleute wohl die Hände über dem Kopf zusammenschlagen. Dieser Name konnte sich zu Recht nicht durchsetzen. Stattdessen hielt im Jahr 1911 das von Bahlsen abgewandelte Wort »Keks« Einzug in den Duden.

Auch mit der Verpackung war das so eine Sache. Der gemeine Keks wurde damals in Dosen oder Kisten verschickt, vor Ort ausgepackt und lose verkauft. Bahlsen erfand die Papierverpackung. Sie schützte die Kekse gegen Feuchtigkeit und Staub. Seit 1904 ziert übrigens das »TET«-Zeichen die Packungen. Es ist von einer ägyptischen Hieroglyphe abgeleitet, wird »dschet« ausgesprochen und bedeutet so viel wie »ewig dauernd«.

Nicht alle Ideen von Hermann Bahlsen waren so langlebig. Aus seinem Projekt, neben der Fabrik eine »TET«-Stadt zu bauen, wurde nichts. Auf einem fünfundzwanzig Hektar großen Gelände sollten Gebäude in ägyptischem Stil errichtet werden. Geplant waren ein Kino, ein Schwimmbad, zwei Schulen, ein Theater, ein Sportplatz und natürlich auch Wohnungen für die Bahlsen-Mitarbeiter. Der Erste Weltkrieg und die folgende Wirtschaftskrise haben den Plan von der »TET«-Stadt zunichtegemacht.

Bei so viel Einsatz und Erfindergeist macht es nichts, dass die Idee mit den 52 Zähnen vielleicht aus Frankreich kam. Die Franzosen hatten sie verrmutlich von den Briten, und woher die sie hatten? … Wer weiß!

Titus Arnu, Hermann Bahlsen, Berlin 1999; www.arte.tv/de/chic/kleine-geschichte/1935874.html; www.petitlu.fr; www.bahlsen.com

Benrather Linie → Hochdeutsch

Berge

Niedersachsen hat keine richtigen Berge

Berg ist nicht gleich Berg. Viele denken bei Niedersachsen eher an die Küstengebiete, die relativ hügelige Landschaft der ↑Lüneburger Heide oder an das nicht sehr hoch aufragende Wiehengebirge. Der höchste Berg der Heide ist der Wilseder Berg. Der liegt 169 Meter über dem Meeresspiegel. Für die Ostfriesen ist das ein echt hoher Berg, aus Sicht der Alpenbewohner gerade mal ein Maulwurfhaufen. Das können die Niedersachsen selbstverständlich nicht auf sich sitzenlassen.

Natürlich gibt es auch Berge, die diesen Namen verdienen. Der Tourist denkt da sofort an den Harz mit dem Brocken. Falsch gedacht! Aus Niedersachsen hat man zwar einen prima Blick auf den Brocken, der Berg selbst befindet sich allerdings in Sachsen-Anhalt. Trotz dieser Enttäuschung liegt Niedersachsen in der Liste der Bundesländer mit den höchsten Bergen sogar auf einem stolzen sechsten Platz – hinter Bayern (Zugspitze, 2962 Meter), Baden-Württemberg (Feldberg, 1493 Meter), Sachsen (Fichtelberg, 1215 Meter), Sachsen-Anhalt (Brocken, 1141 Meter) und Thüringen (Großer Beerberg, 983 Meter).

Der höchste Berg in Niedersachsen ist der Wurmberg mit immerhin 971 Metern. Und dieser Berg war wichtig. Im Kalten Krieg gab es dort eine Abhöranlage der US-Armee, die bis zu ihrem Abriss im Jahr 1994 auf dem Gipfel stand. Außerdem wurde lange eine frühgeschichtliche Kultstätte dort oben vermutet, bis sich herausstellte, dass es das Fundament einer Hütte aus dem frühen 19. Jahrhundert war. Skispringer kennen auch die Wurmbergschanze, von der im Winter die Skispringer in Richtung ehemaliger DDR sprangen und hofften, dass sie nicht den Schanzenrekord über die Zonengrenze hinweg aufstellen würden.

Neben dem Wurmberg gibt es im niedersächsischen Teil des Harzes noch zwei weitere »900er«. Der eine ist der Bruchberg (928 Meter) und der andere der Achtermann (926 Meter). Da müssen wir uns in Niedersachsen also gar nicht verstecken. Selbst, wenn man den Harz nicht berücksichtigen würde, gäbe es da noch den ein oder anderen Berg zu sehen. Im Weserbergland ist die höchste

Erhebung 528 Meter hoch. Andere bedeutende Höhenzüge sind der Hils (480 Meter), der Ith (439 Meter), der Süntel (437 Meter), das Leinebergland (428 Meter), der Deister (405 Meter), die Bückeberge (367 Meter), der Teutoburger Wald (331 Meter), der Elm (322 Meter) und das Wiehengebirge (320 Meter).

Also, Niedersachsen ist nicht nur Flachland. Selbst an der Küste muss man für die dortigen Verhältnisse manchmal ganz schön kraxeln. Da wäre, nur als Beispiel, die dreiundzwanzig Meter hohe Melkhörndüne auf Langeoog zu nennen. Es ist eben alles eine Frage der Perspektive.

Goetz Buchholz, Niedersachsen, Hannover 1998

Bergius, Friedrich → Nobelpreisträger

Berliner, Emil → Erfinder

Bexhövede → Buxtehude

Bienen

Bienenkörbe werden mit Wachs abgedichtet

Der Mensch und die Biene. Neben dem Bienenstich – als Stich der echten Biene oder als Kuchenspezialität – und der Biene als Anschauungsobjekt für verklemmten Sexualkundeunterricht bildet der beliebte Honig das wichtigste Verbindungsglied zwischen beiden Spezies. Wann der Mensch mit der Biene als Honiglieferant in Kontakt gekommen ist, weiß niemand so genau. Es darf jedoch vermutet werden, dass Menschen immer schon die Süßspeise als Nahrungsergänzung, Nachspeise oder willkommene Abwechslung im Speiseplan zu sich genommen haben. Wo sie konnten, machten sie Jagd auf den Honig. Die ältesten Darstellungen von Bienen dürften die Höhlenmalereien in der »Cueva de la Arena« bei Bicorp in Spanien sein.

Dort, wo Bienen auftauchten, haben Menschen ihnen immer nachgestellt, um herauszufinden, wo sie mit ihrer Beute abgeblieben waren. Im Norden Europas waren Bienenvölker vor allem in Baumhöhlen zu Hause. Die Waben wurden mühsam aus den Bäumen geholt und ausgepresst. Stiche waren dabei an der Tagesordnung. Das Wachs benutzte man oft als Brennmaterial und später auch, um Kerzen herzustellen.

Die von Menschen kultivierte Art, für Bienenvölker ein Zuhause zu schaffen, ist deutlich jünger. Das belegt der in Europa älteste Fund eines »Rutenstülpers«, also der auch als Bienenkorb bekannten Bienenbehausung. Der auf ein Alter von rund 2000 Jahren geschätzte Stülper wurde in

Feddersen Wierde entdeckt. Dieses frühgeschichtliche Wurtendorf liegt in der Seemarsch des Landes ↑Wursten im Landkreis Cuxhaven.

Eines der bekanntesten Gebiete für Imkerei ist die ↑Lüneburger Heide, wo sie seit dem 16. Jahrhundert ein wichtiger Erwerbszweig war. Auch dort brauchten die Bienen winter- und wetterfeste »Wohnungen«. Ein Bienenkorb bestand früher aus einem Stroh- oder Reisiggeflecht. Als Dichtmaterial wurde aber nicht, wie oft angenommen, das Wachs der Bienen benutzt, denn das war viel zu wertvoll. Um Wasser und Kälte abzuhalten, wurden die »Stülper« mit Kuhdung abgedichtet. Heute benutzen die Imker nur noch selten traditionelle Bienenkörbe. Moderne Bienenstöcke bestehen zumeist aus Holz oder Kunststoff.

Wikipedia: Geschichte der Imkerei

Bier

Niedersachsen hat keine berühmten Biere

»Bier her, Bier her, oder ich fall um!«, »Es gibt kein Bier auf Hawaii, es gibt kein Bier, drum fahr' ich nicht nach Hawaii, drum bleib' ich hier!« Solche Trinklieder sind auf jedem Schützenfest in Niedersachsen zu hören. Und wirklich, in Niedersachsen wird gern Bier getrunken. Schon im Mittelalter war Bier vielerorts ein Ersatz für Trinkwasser.

Oft war die Wasserqualität so schlecht, dass man sich nicht anders zu helfen wusste, als unter Zusatz von Gerste und Hopfen Bier daraus herzustellen. Jedes Dorf hatte seine eigene Schänke mit dem Recht, Bier zu brauen. Das ist heute völlig anders, obwohl der Trend wieder zur »Kleinserie« geht. Immer öfter entstehen kleine Brauereien, die in Ausflugslokalen oder alten Kneipen Bier brauen.

Berühmte Biere in Niedersachsen tragen allerdings große Namen wie Barre, Jever, Herrenhäuser oder Einbecker. Diese Marken sind sogar über die Grenzen des Landes hinaus bekannt, auch wenn sie nicht mehr unbedingt in der Hand von Niedersachsen sind.

Eine richtige Kultmarke ist Jever. 1848 wurde das Brauhaus zu Jever gegründet. Das dort gebraute Bier galt immer schon als sehr herb. »Da ziehen sich alle Löcher zu, wenn man das trinken muss!«, hieß es oft. Die Rezeptur ist allerdings etwas »zahmer« geworden. Heute ist Jever in der ganzen Welt bekannt. Vor allem durch den markigen TV-Spot hat es sich in die Köpfe gemeißelt: Eine raue See, Wind zerzaust den Strandhafer, ein Mann breitet die Arme aus. »Wie das Land, so das Jever«, wurde als Werbeclaim vielfach ausgezeichnet. Die Friesen, die in Jever zu Hause sind, regen sich allerdings regelmäßig über die Aussprache ihres Bieres und damit auch ihrer Heimatstadt auf. Denn das »v« in »Jever« wird von vielen wie ein »w« ausgesprochen. Und das ist ausgesprochen lästig und auch falsch. Richtig ist es nur mit einem scharfen »f«. Also, aufgepasst, wer nach Jever kommt, der sollte nicht gleich durch die falsche Aussprache unangenehm auffallen.

Eine Marke, die noch mehr Geschichte atmet, ist Einbecker. Hier ist der Name genauso Programm wie bei Jever. Einbeck liegt im Süden Niedersachsens, im Landkreis Northeim, und besaß schon 1252 die Stadtrechte. 1351 sind die ersten Exporte des Einbecker Bieres belegt, 1368 tritt die Stadt der Hanse bei und exportiert ihr Bier nach Antwerpen, Riga, Stockholm und München. In den Anfängen durfte jeder Vollbürger der Stadt Bier brauen. Deshalb gab es in den Blütezeiten bis zu 700 Brauer in der Stadt. Die älteste urkundliche Erwähnung von »Einbecker Bier« datiert auf das Jahr 1378. Damals wurden zwei Tonnen nach Celle geliefert. Sogar der Reformator Martin Luther äußerte sich lobend über den Gerstensaft aus Südniedersachsen. »Der beste Trank, den einer kennt, der wird Einbecker Bier genennt!« Darauf sind die Einbecker heute noch stolz.

Viele denken heutzutage beim Stichwort Bier an die Bayern, die gern von sich behaupten, das Bier erfunden zu haben. Dabei dürfte sich den Einbeckern und auch anderen Bierliebhabern in Niedersachsen der Magen umdrehen. Zumindest das Bockbier stammt nämlich definitiv aus Einbeck. Also, wer hat's erfunden? Die Niedersachsen. Im Jahre 1612 wurde der Einbecker Braumeister Elia Pichler vom Hofbräuhaus in München abgeworben. Der nahm die Braugeheimnisse der Einbecker mit und braute dort das »Ainpöckische Bier«, also »das Bier aus Einbeck«. Daraus wurde im Laufe der Jahre das »Oanpock-Bier«, aus dem sich das heutige »Bockbier« ableitet. Ein Bockbier ist ein ober- oder untergäriges Bier mit einem Stammwürzegehalt von mehr als sechzehn Prozent. Besonders beliebt ist das Doppelbockbier. Der Alkoholgehalt beträgt dabei zwischen fünf und zwölf Prozent. Als »Maibock« werden die Bockbiere bezeichnet, die von April bis Juni verkauft werden.

Und auch auf einem anderen Gebiet haben sich die Einbecker verdient gemacht: Bier vom Fass gab es schon immer. Die Einbecker schafften es aber im Jahr 1851, das Bier auch auf Flaschen zu ziehen. Seitdem gibt es die typische Form der Einbecker Flasche, die sich bis heute nur ganz unwesentlich verändert hat. Tradition wird also großgeschrieben in Einbeck.

Ein weiteres typisches Kennzeichen der niedersächsischen Bierkultur ist die »Lüttje Lage«. Diese Art des Biertrinkens wird traditionell beim größten Schützenfest der Welt in Hannover gepflegt (↑Schützenvereine). Man benötigt dazu ein kleines Bier, am besten ein hannöversches Broyhan-Bier, und einen Kornbrand. Der Schnaps wird nun allerdings nicht in das Bierglas geschüttet. Das wäre zu einfach. Stattdessen hält man das Bierglas zwischen Daumen und Zeigefinger, während Mittel- und Ringfinger derselben Hand das Schnapsglas festhalten. Jetzt wird es tricky! Das Bierglas wird an den Mund gesetzt und so gekippt, dass der Inhalt des Schnapsglases gleichzeitig mit dem Bier in den Mund fließt.

Weil das für Ungeübte nicht einfach ist, gibt es oft eine große Kleckerei. Die Kunst ist es, ohne einen Tropfen Verlust den Inhalt beider Gläser zu trinken. Also: »Nich' lang schnacken, Kopp in 'n Nacken! Prost!«

Sehr speziell ist auch die »Braunschweiger Mumme«. Je nach Brauart handelt es sich dabei um ein schwach bis stark alkoholhaltiges Bier. Weil es sehr lange haltbar ist, entwickelte es sich im Spätmittelalter zu einem echten Exportschlager der Stadt Braunschweig. Mumme war dabei nicht so wie unser Bier heute. Sie war zähflüssiger und wurde oft mit anderem Bier vermischt, damit man sie gut trinken konnte. Um zu testen, ob die »Mumme« gut gelungen war, gab es ein spezielles Verfahren: Dazu wurde ein wenig »Mumme« auf einen Holzstuhl gegossen, dann setzte sich jemand auf den Stuhl, wartete einen Augenblick und stand dann wieder auf. Klebte der Stuhl am Hosenboden des Probanden, war die »Mumme-Probe« bestanden, und das Bier ging in den Handel. Das dürfte allerdings in das Reich der Mythen und Märchen gehören.

http://www.belocal.de/bier-spezialitaten/niedersachsen/liste_1,160,687.html

Blanker Hans

Der blanke Hans ist ein niedersächsisches Geldstück

»Blanker Hans« hört sich nach etwas Wertvollem an, nach einem goldglänzenden Geldstück zum Beispiel. Schon immer hat man Münzen Namen gegeben. Das 5-DM-Stück wurde zum Beispiel auch als »Heiermann« bezeichnet. Der »blanke Hans« ist aber kein glattpoliertes Zahlungsmittel, sondern eher etwas sehr Unerfreuliches: Es ist eine Bezeichnung für die tobende Nordsee bei Sturmfluten. Das »blank« kommt wahrscheinlich aus dem Niederländischen.

»Blank« bedeutet »weiß« und meint die Gischt auf den Wellen der See.

Nach Aufzeichnungen des Chronisten Anton Heimreich rief der Deichgraf von Risum nach Fertigstellung des Deiches dem offenen Meer zu: »Trutz nun, blanker Hans!« Seeleute haben zur Abwehr drohenden Unheils den heiligen Johannes angerufen. Aber die Gebete halfen nicht immer. Schwere Sturmfluten suchten seit Menschengedenken die norddeutschen Küsten und Inseln heim und veränderten den Küstenverlauf. Alte Karten und Erzählungen berichten von weggespültem Land, von zerstörten Dörfern, von verschwundenen Inseln und vielen Toten. Vom 15. bis 17. Januar 1362 kamen in den Fluten der »Zweiten Marcellusflut«, auch bekannt als »Grote Mandränke«, vermutlich mehr als 100 000 Menschen ums Leben. Der »blanke Hans« tobte dabei am heutigen Dollart! Die Leybucht, die Harlebucht und der Jadebusen vergrößerten sich enorm. Dort, wo vorher Dörfer gestanden hatten, nahm sich das Meer viel Land. In Nordfriesland gingen große Teile des menschlichen Lebensraums verloren, und die Insel Rungholt versank im Meer.

Eine andere, sehr bekannte Sturmflut ist die vom 16. und 17. Januar 1962. Sie tobte an der Küste und in Hamburg. Insgesamt gab es 61 Deichbrüche in Niedersachsen, 400 Kilometer Deich wurden vernichtet, 28 000 Wohnungen bzw. Häuser beschädigt, 1300 völlig zerstört. 340 Menschen fanden den Tod. Während es von vielen anderen Sturmfluten ausschließlich überlieferte Berichte gibt, sind die Bilder der Sturmflut von 1962 immer wieder im Fernsehen oder in Zeitschriften zu sehen. Wie mächtig der

»blanke Hans« ist, kann hier eindrucksvoll beobachtet werden.

Von einer Sturmflut wird übrigens dann gesprochen, wenn der Tidenhöchststand das mittlere Tidenhochwasser um mehr als 1,50 Meter übersteigt. Ab 2,50 Meter ist es eine schwere Sturmflut, und ab 3,50 Meter spricht man von einer sehr schweren Sturmflut. Der »blanke Hans« ist also ein ziemlich hochgewachsener Kerl.

Heie Focken Erchinger, Martin Stromann, Sturmfluten – Küsten- und Inselschutz zwischen Ems und Jade, Norden 2004

Blütenfest → Altes Land

Bodenschätze

Niedersachsen hat keine Bodenschätze

Gas, Erdöl, Kohle, Salz! Das sind die wichtigsten Bodenschätze, die das Land Niedersachsen zu bieten hat. Öl ist das »Schwarze Gold«. Es ist der wichtigste Rohstoff aller modernen Industriegesellschaften. Mittlerweile erreichen die Preise für dieses Gold gefühlt so langsam die seines metallischen Bruders. Dass es auch in Deutschland zu finden ist, wissen die wenigsten. Die Erdölvorkommen in Deutschland liegen vor allem in Schleswig-Holstein und in Niedersachsen. Erdöl wurde hierzulande schon vor einigen tausend Jahren gefunden. Dazu musste man nicht erst mit einem Bohrgestänge in die Tiefe vordringen. Weil Öl eine niedrigere Dichte als Wasser hat, kann es in den Hohlräumen verschiedener Sand- und Gesteinsarten nach oben steigen. Wenn es richtig gut läuft, kommt es sogar freiwillig an die Erdoberfläche. In Niedersachsen zum Beispiel bei Hänigsen zwischen Hannover und Braunschweig. Das ist in Deutschland wohl einzigartig.

Nicht ohne Grund lag das Zentrum der Deutschen Erdölindustrie einst in Niedersachsen. Die deutschlandweit erste Ölbohrung fand 1858 statt und war wohl so etwas wie ein Versehen. Geologieprofessor Georg Christian Konrad Hunäus erhielt von der Königlichen Regierung in Hannover den Auftrag, nach Kohle, Salz und Erz zu suchen. Mit seinen Arbeitern fuhr er nach Wietze, an den Rand der ↑Lüneburger Heide. Was er unter anderem fand, war Erdöl. In Deutschland löste das jedoch keine Jubelschreie aus. Der schlichte Grund: Die Verwendungsmöglichkeiten für das schwarze Gold waren damals noch relativ begrenzt.

Das änderte sich jedoch spätestens mit dem Beginn der industriellen Revolution. Plötzlich war die Nachfrage nach Erdöl riesig. Und plötzlich war auch Wietze wieder interessant. 1899 schickte eine Firma namens Kaiser den Spezialisten und Bohrmeister Friedrich Hasenbein, der mit seinen Bohrungen einen regelrechten Ölboom auslöste. Kurze Zeit später sah es in der idyllischen Heide wie in Texas aus: Bohrturm an Bohrturm. Das sprudelnde Öl wurde in alte Heringsfässer gefüllt und abtransportiert. Um 1910 wurden rund achtzig Prozent des gesamten deutschen Ölbedarfs aus den Reserven der Heide gedeckt. Doch der Ölsegen sollte nicht für immer andauern. Die Förderquoten sanken, auch wenn später noch Ölsand das Angebot aus Wietze ergänzte. 1964 war endgültig Schluss. Aus dem ehemaligen »Dallas« in Niedersachsen wurde wieder der Heideort.

An die glorreiche Zeit erinnert heute ein Museum. Angesichts der immer stärker steigenden Preise für Rohstoffe wird allerdings in Ölunternehmen darüber nachgedacht, ob es sich nicht lohnen könnte, mit modernster Technik alte Ölstandorte wiederzubeleben.

In Niedersachen befinden sich auch noch Erdgasvorkommen, die neu erschlossen werden. Zu erkennen sind die Anlagen vor allem nachts, weil sie hell erleuchtet sind und oft futuristisch in idyllischer Umgebung liegen. Bei der Erschließung eines großen Erdgasvorkommens wurde 1938 ein weiteres, großes Erdölfeld im Emsland und in der Grafschaft Bentheim gefunden. Aus den ersten Anfängen wurde schnell eine bedeutende Förderregion in Europa. Heute noch kann man vereinzelt sogenannte »Nicker« rund um Twist sehen. Diese Art der Pumpen holten die Bodenschätze des Emslandes ans Tageslicht. In Twist gibt es ebenfalls ein zwar kleines, aber sehr feines Museum zur Erdölförderung in Niedersachsen. In der Nordsee werden zudem auch vor der niedersächsischen Küste noch Erdölvorkommen vermutet.

Der Bergbau in Niedersachsen fand vor allem im Harz statt. Dort fuhren über Jahrhunderte die Männer in die

Berge ein, um Silber, Eisen, Kupfer, Blei und Zink zu fördern. Die letzten großen Bergwerke mussten allerdings vor der Jahrtausendwende ihre Pforten dicht machen. »Rammelsberg« bei Goslar wurde 1988 geschlossen, die Grube »Hilfe Gottes« bei Bad Grund 1992, und bis 2007 wurde im letzten offenen Bergwerk des Harzes, in der Grube »Wolkenhügel« bei Bad Lauterberg, noch Schwerspat gewonnen. Der »Rammelsberg« gehört mittlerweile wegen seiner Einzigartigkeit zum UNESCO-Weltkulturerbe. Tausende Besucher sehen sich an, wie mühsam und gefährlich die Bergleute früher schuften mussten.

Im Boden unter Niedersachsen findet sich auch Salz. Im Werk Sigmundhall in Bokeloh bei Wunstorf wird in großer Tiefe Salz gefördert. Es wird vor allem in der Kunstdünger-Produktion verwendet. Weithin sichtbar ist die große Abraumhalde. Wegen ihrer Form und des weißen Aussehens wird sie auch »Kalimandscharo« genannt.

www.erdoelmuseum-wietze.de

Bullenschluck

Der »Bullenschluck« wird aus
den Hoden von männlichen Rindern gemacht

Ein »Bullenschluck« ist nichts, was Polizisten überreicht bekommen, wenn sie ihr 20-jähriges Dienstjubiläum feiern.

Auch ein großer Schluck aus einer Flasche, wie ihn ansonsten nur ein Rindvieh saufen kann, wird nicht so bezeichnet. Der »Bullenschluck« ist ein Kultgetränk aus Sulingen im Landkreis Diepholz. Dabei handelt es sich um einen Halbbitter, also ein alkoholisches Getränk.

Um die Entstehung des »Bullenschlucks« ranken sich viele Geschichten. Fakt ist, dass der »Bullenschluck« nach wie vor in der Rats-Apotheke in Sulingen nach einem streng geheimen Rezept hergestellt wird. Schon das Etikett ist aber im Grunde genommen ein Schwindel. Darauf heißt es: »Bullenschluck, konzentriertes Restitutions-Fluid, empfiehlt sich besonders bei Lahmheit der Pferde, Rinder und Zugochsen.« Das Etikett weist darauf hin, dass die Tiere wieder auf die Beine kommen, wenn man den »Bullenschluck« lokal und äußerlich anwendet. Lokal passt ja noch, nur äußerlich wird es wenig taugen. Es soll eher den Menschen wieder auf die Sprünge helfen, die von innen ihre Magenwände damit benetzen. Es sind ja schließlich heilende Kräuter enthalten. Und so heißt es weiter auf dem Etikett: »Auch für Menschen zur innerlichen Einreibung geeignet.«

Die Mär sagt, dass der Apotheker Hans Dunker in der Zeit der Naziherrschaft dieses Getränk zusammengestellt hat. Er soll es wegen der hohen Alkoholsteuer jedoch als Heilmittel deklariert haben. Eine andere Vermutung meint, dass das Rezept durch Zufall auf dem Dachboden der Apotheke entdeckt wurde. In einer dritten Variante soll sich der Apotheker an der Herstellung eines Kräuterschnapses versucht und diesen an eine benachbarte Kneipe zum Ausschank weitergegeben haben, um dessen Qualität zu testen.

Wie auch immer es gewesen ist, mit dreiundvierzig Volumenprozent ist der Halbbitter aus Sulingen nur in Maßen gesund. Der »Bullenschluck« war dennoch schnell über die Grenzen der Stadt hinaus bekannt. Einen kräftigen Schluck haben unter anderem Willy Brandt und Ludwig Erhard zu sich genommen. Ob sie dadurch ihre politische Arbeit verbessern konnten, ist nicht belegt.

www.bullenschluck.de

Bundesland

Niedersachsen ist das größte deutsche Bundesland

Den Titel des größten deutschen Bundeslands verpasst Niedersachsen nur knapp. Mit einer Fläche von circa 47 700 Quadratkilometern bei rund acht Millionen Einwohnern steht es nach Bayern auf Platz 2. Der Klassenbeste kommt auf über 70 000 Quadratkilometer und 12,5 Millionen Einwohner. Dafür hat kein anderes Bundesland so viele andere Bundesländer in seiner Nachbarschaft wie Niedersachsen. Bremen liegt mittendrin, und außen grenzen Nordrhein-Westfalen, Hessen, Thüringen, Sachsen-Anhalt, Brandenburg, Mecklenburg-Vorpommern, Schleswig-Holstein und Hamburg an Niedersachsen. Im Westen grenzt das Land an die Niederlande. Nach oben hin ist die Nordsee mit den ostfriesischen Inseln die natürliche

Grenze des »schönsten« Bundeslandes der Welt, wie die Niedersachsen sagen.

Der Name und das Wappen des heutigen Niedersachsen gehen auf den germanischen Volksstamm der Sachsen zurück (↑Niedersachsen). Sie wanderten während der großen Völkerwanderung im dritten Jahrhundert aus dem heutigen Schleswig-Holstein ein. Im Wappen ist deshalb auch das ↑Sachsenross zu sehen.

Insgesamt bildeten die Sachsen sechzig Gaue, die auch Teile der heutigen Bundesländer Nordrhein-Westfalen und Sachsen-Anhalt sowie der Niederlande umfassten. Nicht dazu gehörte allerdings das Land der Friesen, die sich ihre Freiheit über viele weitere Jahrhunderte bewahren konnten (↑Häuptlinge). Die meisten Vorgängerstaaten des heutigen Bundeslandes Niedersachsen waren Teilfürstentümer des einstigen welfischen Herzogtums Braunschweig-Lüneburg. Im 19. Jahrhundert erstreckten sich hier das Königreich Hannover, das Herzogtum Braunschweig, das Großherzogtum Oldenburg und das Fürstentum Schaumburg-Lippe. Noch heute stehen in Niedersachsen viele der alten Grenzsteine.

Nach dem Zweiten Weltkrieg wurde Deutschland unter den Alliierten in vier Besatzungszonen aufgeteilt. Dabei kam der Nordwesten des Landes zum größten Teil unter britische Verwaltung. Am 8. November 1946 wurde mit Wirkung vom 1. November das Bundesland Niedersachsen gegründet. Schon einen Tag später trat in Hannover der erste niedersächsische Landtag zusammen, der Hinrich Wilhelm Kopf zum Ministerpräsidenten wählte.

Das neue Bundesland bestand aus den Ländern Braunschweig, Oldenburg, Schaumburg-Lippe und Hannover. Es gab allerdings auch Gebietsabtretungen: Der Landkreis Blankenburg und ein kleiner Teil des Landkreises Helmstedt wurden an die sowjetische Besatzungszone abgegeben, ebenso das Amt Neuhaus, die Ortschaften Neu Bleckede und Neu Wendischthun. Die drei letzteren wurden nach der Wiedervereinigung im Jahr 1993 wieder in das Land Niedersachsen integriert. Ein anderer Verlust ist dagegen bis heute nicht rückgängig gemacht worden: Im ehemaligen Regierungsbezirk Stade lag bis 1947 noch die Großstadt Wesermünde, die dann in Bremerhaven umbenannt und dem Bundesland Bremen zugeschlagen wurde. Aber selbst mit Wesermünde wäre Niedersachsen nicht das größte Bundesland – der Abstand ist einfach zu groß.

Bernd U. Hucker, Niedersächsische Geschichte, Göttingen 1997; Hans-Jürgen Häßler, Ur- und Frühgeschichte in Niedersachsen, Hamburg 2002

Bunnenberg, Liese-Lotte → Andersen, Lale

Bunsen, Robert Wilhelm → Erfinder

Buxtehude

In Buxtehude lieferten sich Hase und Igel ein Wettrennen

Dass sich Hase und Igel in Buxtehude ein Wettrennen geliefert haben, stimmt natürlich nicht. Oder besser gesagt, es entspricht nicht ganz der Wahrheit. Es handelt sich vielmehr um ein Märchen, das ursprünglich wohl auch nicht in Buxtehude, sondern in Bexhövede, in der Nähe von Bremerhaven, spielte. Auf Platt hieß es »De Has un de Swinegel«. Veröffentlicht wurde es im Jahr 1840 von Wilhelm Schröder im »Hannoverschen Volksblatt«.

Das Märchen handelt vom arroganten Hasen, der sich über die zu kurzen und krummen Beine des Igels lustig macht. In seiner Ehre gepackt, fordert der Igel den Hasen zu einem Wettrennen heraus. Als Siegerprämie machen die beiden eine Flasche Branntwein und einen goldenen »Lujedor« (Louis d'or) aus. Als es nun zum Rennen kommt, sprintet der Hase wie erwartet los. Der Igel dagegen läuft nur ein paar Schritte und versteckt sich dann. Er hat seine Frau am Ende der Rennstrecke postiert. Als der Hase sich dann kurz vor dem Ziel schon als Sieger wähnt, springt die dem Igel zum Verwechseln ähnliche Frau aus dem Gebüsch und ruft: »Ick bün all dor!«, also: »Ich bin schon da!«. Das versteht der Hase überhaupt nicht. Weil er sich nicht geschlagen geben will, fordert er vom Igel Revanche. Die wird genehmigt. Aber wie schnell der Hase auch rennt, der Igel ist immer schon vor ihm am Ziel. Das geht dreiundsiebzig Mal gut. Nach der 74. Runde bricht der Hase dann vor Erschöpfung tot zusammen.

Diese Geschichte wurde später in die Märchensammlung der Gebrüder Grimm aufgenommen. Die Moral lautet für den Hasen: »Man soll sich über Leute, die von vermeintlich geringerem Stand sind, nicht lustig machen.« Und für den Igel: »Wer heiratet, soll sich am besten eine Frau aus dem eigenen Stand nehmen, am besten eine, die auch noch so ähnlich aussieht wie man selbst.«

Die Stadt Buxtehude liegt an der Grenze zwischen der Stader Geest und der Elbmarsch. Sie hat eine schöne Altstadt, wurde im Jahr 1197 gegründet. Auch wenn Hase und Igel vielleicht doch nicht dort gelaufen sind, eine andere Geschichte bleibt der Stadt: »Buxtehude, da wo die Hunde mit dem Schwanz bellen!« Sollte so etwas tatsächlich möglich sein, dann würde es in Buxtehude eine sehr seltene Spezies von Hunden geben. In einem Kinderbuch kann man eine Zeichnung davon sehen: Ein Hund, bei dem man nicht erkennt, wo vorne und wo hinten ist.

Die Erklärung ist relativ einfach. Geht es nach dem Buxtehuder Heimatverein, dann stammt dieser Spruch aus Zeiten der Besiedlung durch die Niederländer. Wie im ↑Alten Land, siedelten die Holländer an der gesamten Elbe und deren Hinterland, wo sie als erfahrene Deichbauer sehr gefragt waren. Buxtehude war wohl eine der ersten Städte in der Umgebung, in denen die Glocken nicht mit dem Hammer geschlagen wurden. Hier verwandte man schon Seile. Die Glocke, niederländisch »Hunte«, wurde durch das Seil, also den »Schwanz«, in Schwingung gebracht. Wer ausreichend zog, der brachte die Glocke zum Läuten, niederländisch »bellen«. So lässt sich das Sprichwort von den Hunden, die mit dem Schwanz bellen, leicht erklären.

Sammlung Gebrüder Grimm

Das Lied der Deutschen → Nationalhymne

DDR

Der erste DDR-Bürger überquerte nach dem Mauerfall in Berlin die Grenze

Günter Schabowski, Mitglied des Politbüros des Zentralkomitees der SED, verkündete am 9. November 1989 auf einer legendären Pressekonferenz Folgendes: »Privatreisen nach dem Ausland können ohne Vorliegen von Voraussetzungen beantragt werden. Die Genehmigungen werden kurzfristig erteilt. Die zuständigen Abteilungen Pass- und Meldewesen der Volkspolizeikreisämter in der DDR sind angewiesen, Visa zur ständigen Ausreise unverzüglich zu erteilen, ohne dass dafür noch die Voraussetzungen für eine ständige Ausreise vorliegen müssen. Ständige Ausreisen können über alle Grenzübergangsstellen der DDR zur BRD bzw. West-Berlin erfolgen.« Auf die Nachfrage, wann diese Regelung denn in Kraft trete, antwortete Schabowski: »Das tritt nach meiner Kenntnis … ist das sofort, unverzüglich!«

Wer bei diesem unglaublichen Ereignis dabei war, der vermutet, dass der erste DDR-Bürger irgendwo in Berlin die Grenze überschritten haben muss. Dabei war das Ganze viel unspektakulärer. Annemarie Reffert, eine Ärztin aus Gommern bei Magdeburg, hatte die Meldung in der »Aktuellen Kamera«, der Nachrichtensendung des DDR-Fernsehens, verfolgt. Nachdem ihre Tochter Juliane vorgeschlagen hatte, es doch einmal auszuprobieren, setzte sie sich mit der 15-Jährigen in ihren Wartburg und fuhr in Richtung Grenze. Der nächste Grenzübergang war Helmstedt-Marienborn. Er war der größte und wichtigste Grenzübergang an der innerdeutschen Grenze und bestand damals quasi aus zwei Teilen, dem »Kontrollpunkt Helmstedt« und der »Grenzübergangsstelle Marienborn«. Hier spielte sich auch der größte Teil des Transitverkehrs mit Waren und Gütern und des Personenverkehrs in Richtung DDR und Berlin ab. Dafür war in den Jahren 1972 bis 1974 ein fünfunddreißig Hektar großes Gelände ausgebaut worden. Die Grenzanlagen strotzten nur so von Betonmauern und Abfertigungsgebäuden. Rampen und Gruben dienten der Kontrolle der Autos. Verhörzimmer, Abhöranlagen und Beobachtungstürme stellten sicher, dass niemand unbefugt in die DDR einreisen oder aus der DDR flüchten konnte. Ein unterirdisches Tunnelsystem verband sämtliche Punkte der Grenzübergangsstelle miteinander. Rollsperren konnten sofort aktiviert werden, wenn ein Autofahrer versuchen sollte, mit seinem Fahrzeug durchzubrechen. Ein illegales Durchkommen war also so gut wie unmöglich. Und genau auf diesen Hochsicherheitsgrenzübergang fuhr Annemarie Reffert zu. Sie war sich zwar nicht sicher, ob es klappen würde, sie wollte aber gern einfach mal kurz in den Westen fahren, eine Runde drehen, ihrem Mann ein Dosenbier kaufen und dann wieder zurück nach Gommern.

Den Weg Richtung Marienborn kannte sie. Sie war als Notärztin bei Unfällen schon zur Transitstrecke gerufen worden. Auf der Autobahn herrschte Stille. Als sie an der Abfahrt Irxleben vorbeifuhren, wurde ihr dann doch etwas mulmig. Die Grenzbeamten waren allerdings genauso überrascht. Die Frage, wohin sie denn wolle, konnte Frau Reffert auch nicht wirklich beantworten. Sie wolle einfach nur mal ausprobieren, ob das, was Herr Schabowski gesagt habe, auch den Tatsachen entspreche. Als die Grenzer den leeren Kofferraum des Wartburgs kontrollierten, kam die verwunderte Frage nach dem Gepäck. Das habe sie nicht dabei, weil sie ja nur eine kurze Spritztour in den Westen machen wolle. Die Verwunderung bei den Grenzbeamten war groß. Sie ließen Annemarie Reffert und ihre Tochter passieren. Aus dem Dosenbier wurde mangels Devisen nichts, und als beide nach einer kurzen Fahrt durch das dunkle Helmstedt wieder am Grenzübergang erschienen, wollte man sie zuerst gar nicht wieder reinlassen. In Helmstedt war wohl deshalb nicht viel los gewesen, weil in Westdeutschland niemand die Tragweite von Schabowskis Aussage verstanden hatte.

Der Ausweis von Juliane Reffert liegt heute als Beweisstück in der »Gedenkstätte Deutsche Teilung Marienborn«.

Daraus ist klar zu ersehen, dass die Refferts schon im Westen waren, als die Berliner noch damit beschäftigt waren, über oder durch die Mauer zu kommen.

www.mein-herbst-89.de

Dümmer

Der »Dümmer« macht dümmer

Nur weil etwas »Dümmer« heißt, muss es noch nicht dümmer machen. Das Gegenteil ist hier der Fall. Allerdings gilt das nur für diejenigen, die sich auch schlauer machen wollen. Der Dümmer ist ein Binnensee in Niedersachsen. Und weil er ein See ist, wird er oft auch als »Dümmersee« bezeichnet. Wer den Dümmer allerdings kennt, der sagt schlauerweise einfach »Dümmer«.

Der Dümmer ist nach dem Steinhuder Meer der zweitgrößte Binnensee (↑Seen) in Niedersachsen mit einer Fläche von 13,5 Quadratkilometern. Er liegt im Landkreis Diepholz, mitten im circa fünfhundert Quadratkilometer großen Naturpark Dümmer. Direkt am See findet man die Orte Lembruch und Hüde, ganz in der Nähe Lemförde, Diepholz und Damme. Der Fluss Hunte fließt durch den See.

Unheimlich schlau am Dümmer ist zum Beispiel, dass er nur relativ flach ist. An der tiefsten Stelle ungefähr

1,50 Meter tief. Man kann als Schwimmer also im Dümmer kaum in Gefahr kommen. Dumm ist nur der, der als Nichtschwimmer glaubt, dass man deshalb im Dümmer nicht ertrinken kann. Der Dümmer ist außerdem weit über die Region hinaus bekannt für seine guten Wassersportmöglichkeiten. Wer schlau ist, der schickt seine Kinder in eine der Segelschulen am See. Dort können sie ziemlich gefahrlos den Segelsport oder das Surfen lernen. Auch für Badegäste ist der See ideal. An manchen Stellen muss man dummerweise nur etwas weiter in den See laufen, um richtig gut schwimmen zu können. In kalten Wintern friert der See auch schon mal zu. Das sind beste Bedingungen für das Eissegeln oder das Schlittschuhlaufen auf dem See.

Wer sich am Dümmer schlau machen will, der sollte das Naturschutzgebiet besuchen und eine der vielen geführten Wanderungen mitmachen. Dort bekommt man jede Menge Wissen über Flora, Fauna und Geschichte eingetrichtert. Hier ein kleiner Vorgeschmack: Der Dümmer hat sich vor rund 12 000 Jahren gebildet. Seine Form verdankt er vermutlich einer Eislinse, die sich in der Weichsel-Eiszeit, also vor rund 115 000 Jahren gebildet hat.

Nach vielen Fehlern in Sachen Umwelt ist man am Dümmer schlauer geworden und unterzieht den See seit Jahren einem Sanierungskonzept. Dabei sollen der Nährstoffeintrag aus den Flüssen verringert und die Selbstreinigungskräfte des Sees unterstützt werden. Dazu müssen bestimmte Arten von Wasserpflanzen wieder angesiedelt werden, genauso wie Teichmuscheln und Algen fressende Kleinkrebse. Außerdem sollen Raubfische dafür sorgen, dass der Bestand von Friedfischen nicht überhandnimmt. In der Umgebung des Sees werden große ehemalige Moorflächen wiedervernässt. In den kommenden Jahren könnten auch Fischadler eine neue Heimat am Dümmer finden. 2009 sind erstmals seit langer Zeit wieder Biber am See gesichtet worden. Und Biber sind bekanntlich sehr schlaue Tiere!

Ernst Adreas Friedrich, Naturdenkmale Niedersachsens, Hannover 1980; Ulrike Klugmann und Ingeborg Villwock, Dümmer und Wiehengebirge (Naturmagazin »Draußen«, Heft 35), Hamburg 1984

Ein Männlein steht im Walde → Nationalhymne

Eisenbahn

In Niedersachsen fuhr die Eisenbahn hinterher

Die erste deutsche Eisenbahnstrecke führte von Nürnberg nach Fürth und wurde am 7. September 1835 eingeweiht. Die Dampflokomotive hieß Adler. Mit 26 km/h »raste« sie für damalige Verhältnisse mit einigen Anhängern und rund zweihundert Fahrgästen über die Strecke.

Niedersachsen war beim Ausbau seines Eisenbahnnetzes nicht ganz so früh am Start wie Bayern. Dafür entstand hier die erste deutsche Staatsbahn: Die »Herzoglich Braunschweigische Staatseisenbahn« nahm ihren Dienst am 1. Dezember 1838 auf. Die Bahnlinie führte von Braunschweig nach Wolfenbüttel. Es hätte sogar auch die erste Strecke in Deutschland werden können, denn die Pläne dafür hatte der Kaufmann Philipp August von Amsberg schon 1824 vorgestellt. Damals konnte er jedoch noch nicht die richtigen Leute dafür begeistern.

Seine Pläne sahen vor, das Herzogtum Braunschweig mit den Hansestädten (↑Hanse) Bremen, Hamburg und Lübeck zu verbinden. Ein schneller Transportweg sollte Holz und Bergbauerzeugnisse aus dem Harz günstiger machen. Außerdem hätte man Teile des Handels, der bis dato über die Elbe nach Magdeburg ging, durch die Bahnlinie ins eigene Land verlagern können. Der Teilabschnitt nach Wolfenbüttel war nur der Anfang, die Strecke sollte schnellstmöglich bis nach Bad Harzburg ausgebaut werden. Damals herrschte zwischen den deutschen Ländern eine große Konkurrenz, und auch das Königreich Hannover plante eine Bahnstrecke in den Harz.

Durch den Bau der Staatsbahn verschuldete sich Braunschweig enorm. Am Ende konnten die Schulden nur durch den Verkauf der Bahn beglichen werden. 1869 wurde also aus der Staatsbahn die private »Braunschweigische Eisenbahngesellschaft«. Deren Aktien wurden nur wenige Jahre später von der »Preußischen Staatsbahn« aufgekauft. Dieses traurige Ende musste Amsberg allerdings nicht mehr erleben.

www.museum.bahnen-und-busse.de

Eisenbarth, Andreas

Der berühmte Doktor Eisenbarth war ein Kurpfuscher

Er hat wirklich einen schlechten Ruf: Johann Andreas Eisenbarth. Noch heute hört man, vor allem bei Medizinstudenten, ein Lied, das den Mann in ein schlechtes Licht rückt: »Ich bin der Doktor Eisenbarth, / Kurier die Leut nach meiner Art / Kann machen, dass die Blinden gehen / Und dass die Lahmen wieder sehn.« Und das ist noch harmlos! In den nächsten Strophen geht es richtig zur Sache. Da werden dem Arzt die wildesten Operationsmethoden zugeschrieben, meist mit tödlichem Ausgang. Nicht nur in Niedersachsen ist Eisenbarth ein Mann von zweifelhafter Größe. Auch die Franzosen singen: »Je suis le docteur Isembart.«

Der Text, der Doktor Eisenbarth berühmt machte, ist allerdings erst hundert Jahre nach seinem Tod entstanden. Mit der historischen Wirklichkeit hat er kaum etwas zu tun. Was sicher ist: Er war kein studierter Mediziner. Er gehörte zu der damals weit verbreiteten Gruppe der Wanderchirurgen. Er war aber weder ein Quacksalber noch ein Kurpfuscher. Viele Dankesschreiben und Bescheinigungen in Akten zeigen, dass er sogar ein leuchtendes Vorbild seiner Zunft war.

Er besaß hervorragende Kenntnisse der Anatomie des menschlichen Körpers und führte unzählige Operationen durch. Er ließ die Menschen nach der Behandlung nicht allein, sondern sorgte persönlich für die Nachsorge. Viele Arme kamen auch ohne zu zahlen in den Genuss seiner medizinischen Fähigkeiten. Wer so erfolgreich ist und bewundert wird, der hat auch viele Neider. Dazu gehörten vor allem studierte Ärzte und Apotheker. Schließlich machte er ihnen Konkurrenz. Außerdem war Eisenbarth kein stiller Mensch. Er sorgte schon dafür, dass die Leute auf ihn aufmerksam wurden und sich an ihn erinnerten. Selbstvermarktung nennt man so etwas heute. Schon damals ließ er Flugblätter drucken, auf denen genau stand, wann er wo war und welche Operationen und Behandlungen er durchführen konnte. Darauf waren auch seine Erfolge zu lesen.

Seine Ankunft feierte er jedes Mal mit großem Pomp. Dafür hatte er sich eine Fantasieuniform schneidern lassen, in der er aussah wie ein Adeliger. Außerdem zog er immer mit einem Tross von Reitern und Wagen in eine Stadt ein. Dazu gehörte eine eigene Komödiantengruppe, die Menschen mit Gaukeleien und Schauspiel anlockte und unterhielt. So konnte Eisenbarth viele Patienten hinter der Bühne in seinem Zelt behandeln. Er stellte sich grundsätzlich so vor: »Ich bin der berühmte Eisenbarth.« Und damit hat er nicht übertrieben. Nach seinem Tod konnte sich bald kaum noch jemand an seine tatsächlichen Heilerfolge erinnern. Die wollten die Gelehrten, Wissenschaftler und auch die Widersacher eh nicht gelten lassen. Was blieb, war der Ruf eines Marktschreiers und Wunderheilers.

Ein Irrtum ist übrigens, dass Eisenbarth ein Niedersachse war. Er durfte sich seit 1710 »Privilegierter Landarzt des Kurfürstentums Braunschweig-Lüneburg« nennen. Bis zu seinem Tod praktizierte er auch häufig dort. Geboren wurde Johann Andreas Eisenbarth allerdings 1663 im Oberpfälzer Wald. Seinen Hauptwohnsitz hatte er bis 1702 im sächsischen Altenburg, danach in Magdeburg. Er arbeitete in einem großen Radius. Zu seinem Arbeitsgebiet gehörten das Kurfürstentum Sachsen, viele weitere Herzogtümer in Polen, in Brandenburg-Preußen, im Erzbistum Mainz, in Erfurt und – dank der Doppelherrschaft Kurfürst Georg Ludwigs (↑Ernst August) – auch in Großbritannien.

Dass er auf den britischen Inseln arbeiten durfte, machte ihn besonders stolz. Auf seinem Grabstein in Hannoversch-Münden steht: »Alhir ruhet in Gott der weiland hochedle hocherfahrene weltberühmte königl. Großbritannischer und churfürstl. braunschweig.-lüneburg. privilegierte Landarzt wie auch königl. preußischer Rat und Hofoculist«. Dumm gelaufen ist nur, dass Eisenbarth in Großbritannien zwar hätte arbeiten dürfen, die Insel allerdings niemals betreten hat.

Trotzdem, weit gereist ist er. Wer sich den Reiseplan des Medicus in den letzten Jahren seines Lebens ansieht, der wird feststellen, dass es eher ein Zufall war, dass er zum Zeitpunkt seines Todes in Hannoversch-Münden war. Vorher hatte er jeweils mehrere Wochen oder Monate in Königsberg, Elbing, Marienburg, Danzig, Berlin, Frankfurt am Main und Bremen gearbeitet. Erst im Sommer 1727 kam er wieder nach Niedersachsen. Und das auch nur deshalb, weil ihn eingesessene Ärzte aus Bremen ausweisen ließen. Da war er schon sehr krank. Am 1. September verfasste er im Göttinger Gasthof »Zum schwarzen Bären« sein Testament. Am 11. September starb er nach mehreren Schlaganfällen im Gasthof »Zum wilden Mann« in Hannoversch-Münden. Begraben liegt er im Chor der St-Aegidien-Kirche. Eine Inschrift an Eisenbarths Sterbehaus verkündet noch heute ganz richtig: »Er war anders als sein Ruf!« Wer's selber erleben möchte, der kann von Mai bis Oktober jeweils samstags um 13.30 Uhr im Rathaus von Hannoversch-Münden kostenlos an einer theatralischen Eisenbarth-Sprechstunde teilnehmen.

Eike Pies, Ich bin der Doktor Eisenbarth, Genf 1977; www.hann.muenden-tourismus.de

Erdöl → Bodenschätze

Erfinder

Niedersachsen hat keine Erfinder

Ganz das Gegenteil ist der Fall! Alle niedersächsischen Erfinder können gar nicht aufgezählt werden, so viele sind es. Hier also eine kleine Auswahl. Ein Ereignis, das immer wieder gern gezeigt wird, fand am Freitag, dem 25. August 1967, um 10.57 Uhr in Berlin statt. Drei Minuten zu früh drückte der damalige Bundeskanzler Willy Brandt bei der Internationalen Funkausstellung auf einen Knopf und das Schwarzweißbild wechselte in ein Farbbild. Die Geburtsstunde des Farbfernsehens hatte geschlagen. Und das war nur möglich, weil in Niedersachsen, in den Labors von Telefunken, die nötige Technik entwickelt worden war. Walter Bruch leitete damals das Fernseh-Grundlagenlabor. Zu diesem Zeitpunkt war noch das amerikanische NTSC-System angesagt. Doch das war in den Farben so instabil, dass es sich nicht durchsetzen konnte. NTSC wurde spöttisch mit »Never the same color« übersetzt. Auch das französische Secam-System hatte so seine Macken. Zwar hatte die Entwicklung von Bruchs PAL-System viel Geld gekostet, es zahlte sich aber aus, denn PAL wurde zum weitverbreitetsten Farbfernsehsystem der Welt.

Für viel Spaß sorgte Hugo Haase aus Winsen an der Luhe. Er war quasi der Revolutionär der Vergnügungsindustrie. 1887 erfand er das Dampfkarussell, später auch noch den Autoskooter und die Achterbahn. Er hatte sich mit seiner Arbeit aus »kleinen Verhältnissen« hochgearbeitet. Als gelernter Schlosser baute er auch das dreischeibige Stufenkarussell »El Dorado«. Der New Yorker Vergnügungspark auf Coney Island kaufte es für stolze 150 000 Dollar. Heute steht es als ältestes noch betriebenes Karussell der Welt im Freizeitpark Toshima in Tokio.

Reinhold Rüdenberg aus Hannover war ein Erfinder, der sich vor allem mit elektronischen Geräten beschäftigte. Als Elektroingenieur erfand er unter anderem das Elektronenmikroskop. Weil er Jude war, musste er Deutschland verlassen und wurde später in den USA Professor an der Harvard Universität und dem Massachusetts Institute of Technology. Etwa hundert Jahre früher war Robert Wilhelm Bunsen aktiv. Bunsen war ein Chemiker. Weil es in seinem Bereich noch nicht ausreichend Instrumente gab und noch vieles andere entdeckt werden musste, wurde auch er zum Erfinder. Seine bekannteste Erfindung kennt jeder Schüler: Es ist der nach ihm benannte »Bunsenbrenner«. Das war allerdings nicht seine wichtigste Arbeit. 1839 wurde der in Göttingen geborene Bunsen nach Marburg versetzt. 1841 entwickelte er dort nach zwei Jahren Arbeit eine Zink-Kohle-Batterie. Sie war preisgünstig und vielseitig verwendbar. Bekannt wurde sie als »Bunsenelement«. Bunsen wechselte dann später nach Heidelberg, wo es ihm gelang, mit Salpetersäure reine Metalle wie Chrom, Magnesium, Aluminium und mehr durch Elektrolyse herzustellen. Zusammen mit dem Physiker Gustav Robert Kirchhoff entwickelte er die Spektralanalyse, mit der er und Kirchhoff die Alkalimetalle Cäsium und Rubidium entdeckten. Am 16. August 1899 starb Bunsen in Heidelberg. In den USA wird ihm zu Ehren am 31. März der »Bunsen Burner Day« gefeiert. Das wäre doch auch mal eine Idee für Niedersachsen!

Der nächste Erfinder aus Niedersachsen, der hier erwähnt werden soll, ist Emil Berliner. Er gilt als der Erfinder der Schallplatte und des Grammophons. Im Jahr 1851 wurde er in Hannover geboren und wanderte 1870 in die USA aus, weil er nicht zum Militär wollte. Dort entwickelte er ein Kohlemikrofon für Fernsprecher. Von 1881 bis 1883 arbeitete er dann in Hannover. 1887 meldete Berliner einen scheibenförmigen Tonträger und ein Aufnahme- und Abspielgerät zum Patent an, die Vorläufer von Schallplatte und Grammophon. Damit lag er in der Gunst der Kunden vor den Geräten des amerikanischen Konkurrenten Thomas Edison. Der hatte schon 1877 einen zylinderförmigen Tonträger entwickelt, aber die »Schallplatte« von Berliner hatte den Vorteil, dass das »Master« oft kopiert werden konnte.

Die Firma Pelikan ist ein alteingesessenes Unternehmen in Hannover. Seit 1832 werden dort Schreibtinte und Künstlerfarben hergestellt. Heute ist die Produktpalette riesengroß. Jeder Schüler kennt die Marke Pelikan, aber viele wissen nicht, dass Pelikan 1960 den ersten Patronenfüller erfunden hat. Damit mussten die Schreibgeräte nicht mehr aus einem Tintenfässchen befüllt werden. Und die blauen Finger waren auch passé – vorausgesetzt, man hatte die Patronen richtig eingesetzt.

Gottfried Wilhelm Leibniz hat nicht, wie man meinen könnte, den nach ihm benannten Keks erfunden. Der kam viel später (↑Bahlsen). Leibniz war Jurist, Historiker, Mathematiker, Techniker und vieles mehr. Woher er die Zeit genommen hat, sich in allen möglichen Fachrichtungen zum Experten zu bilden, ist nicht nachzuvollziehen. Leibniz gilt als der letzte Universalgelehrte überhaupt. Es gab nichts, was er nicht wusste. Er wollte dieses Wissen auch weitergeben und arbeitete an einem Lexikon, durch das man ohne Lehrer das Wissen der Welt erlernen können sollte. Er entwickelte das binäre Zahlensystem. Er war auch als Mechaniker topfit und erfand die erste Rechenmaschine der Welt, die multiplizieren und dividieren konnte.

Der »Transrapid«, die schnellste Magnetschwebebahn der Welt, dreht ihre Runden auf dem Versuchsgelände bei Lathen im Emsland. Erfunden hat das Prinzip Hermann

Kempner aus Nortrup bei Quakenbrück. Und das schon im Jahr 1934. Damals wurde ihm das Patent ausgestellt. Doch erst nach dem Zweiten Weltkrieg wurden die ersten Magnetschwebebahnen der Welt präsentiert, und zwar 1969 von Krauss-Maffei und 1971 von Bölkow. Das Tragische an der Sache: Hermann Kempner bekam nicht einen Pfennig, denn sein Patent war zu diesem Zeitpunkt bereits abgelaufen. Er hatte allerdings schon früh prophezeit, dass sich die Magnettechnik in Deutschland mit seinem gutausgebauten Schienennetz ökonomisch wohl nicht rechnen würde. Bis heute ist der Transrapid ausschließlich im chinesischen Shanghai im Einsatz.

Also, Erfindungsreichtum haben die Niedersachsen zu jeder Zeit bewiesen – und das nicht nur in großen Dingen.

Goetz Bucholz, Niedersachsen, Geschichten und Geschichte, Hannover 2001

Ernst August

König Ernst August I. von Hannover war Niedersachse

Ja, ja, die ↑Welfen! Eine Dynastie, wie es sie selten gibt. Ein Königshaus, mit allem Drum und Dran. Skandälchen und Skandale, Erfolg und Misserfolg, Liebe, Tod und Leidenschaft, bei ihnen hat es alles gegeben. Und dann der Ernst August!

Aber welcher ist denn jetzt gemeint? Schließlich gibt es

diesen Namen in der Stammtafel der Familie seit 1629 acht Mal. Leser der aktuellen Boulevardblätter denken bei dem Namen Ernst August sicher an das amtierende Familienoberhaupt, Ernst August Prinz von Hannover. Der geistert ja gern mal als »Prügelprinz« durch die Schlagzeilen, steht des Öfteren wegen handfester Streitigkeiten vor Gericht oder verliert offenbar schon mal etwas Körperflüssigkeit an unpassenden Orten (↑Knigge).

Historisch viel interessanter war dessen Ururururgroßvater, Ernst August I. König von Hannover. Diese Hoheit lebte von 1771 bis 1851. Keiner, der am Hauptbahnhof von Hannover aus dem Zug steigt und die Innenstadt besucht, kann ihn übersehen. Hoch zu Ross thront er mit Husarenmütze und edler Uniform bekleidet auf einem Sockel. Dieses Denkmal wurde ihm von seinem »treuen Volk«, wie es auf dem Sockel heißt, zehn Jahre nach seinem Tod gebaut. Heute dient es vor allem dazu, einen sicheren Treffpunkt auszumachen. Man trifft sich »unterm Schwanz«, also unter dem Hinterteil des Pferdes. Dabei ist fast vergessen, dass der Reiter »über dem Schwanz« erst im Alter von siebenundsechzig Jahren den Königsthron besteigen durfte, das aber mit eiserner Hand (↑Göttinger Sieben). Da weiß man dann auch, warum ihm das Volk so treu war. Es konnte nicht anders, es musste.

Ernst August I. war der erste hannoversche Herrscher seit 1714, der nicht gleichzeitig auch die britische Königskrone trug. Und das nicht etwa, weil ihm zwei Kronen auf dem Kopf zu ungemütlich geworden wären. Mit seiner Thronbesteigung endete 1837 die 123 Jahre dauernde Personalunion zwischen Hannover und Großbritannien.

Deshalb ist wohl auch weniger bekannt, dass Ernst August eigentlich kein gebürtiger Hannoveraner war. Denn genau wie seine drei Geschwister (und anders als seine direkten Vorfahren) kam er in England zur Welt. Ernst August wurde am 5. Juni 1771 als achtes Kind im weltberühmten Buckingham Palace geboren. Dort blieb er allerdings nicht wohnen. Er wuchs in Kew, einem Dorf an der Themse, auf, bis ihn seine Eltern 1786 nach Göttingen schickten. Dort sollte er neben dem Prinzsein noch etwas Anständiges lernen. Das Problem: Ihre Hoheit sprachen kaum ein Wort Deutsch. Deshalb mussten die Professoren dem Adeligen die Weisheit in französischer oder englischer Sprache eintrichtern.

Richtig gelernt hat er die deutsche Sprache bis an sein Lebensende nicht. Vielleicht war etwas dran an dem Urteil Georgs III., der Ernst August und seine anderen Söhne für faul und unbegabt hielt.

Nach dem Tod seines älteren Bruders, der als König Wilhelm (bzw. William) IV. England und Hannover regiert hatte, musste Ernst August im Juni 1837 den Thron in Hannover besteigen. Wilhelm war ohne direkten männlichen Nachkommen geblieben. In Großbritannien wurde seine Nichte Victoria Königin. So, und jetzt wird es spannend. Die Hintergründe sind etwas für Genealogen. Entgegen der weitverbreiteten Meinung, dass in Hannover Frauen von der Thronfolge ausgeschlossen sind, hätte Victoria auch den Thron in Hannover besteigen können. In beiden Ländern war das möglich. In Hannover kamen Frauen allerdings nur dann zum Zuge, wenn keine erbfähigen männlichen Verwandten mehr lebten. Hätten also

Ernst August und seine Brüder sowie deren männliche Nachkommen nicht mehr gelebt, hätte Victoria auch Königin von Hannover werden können!

In Großbritannien wurde so gerechnet: Die drei ältesten Söhne von König Georg III. hatten keine Nachkommen gezeugt, der viertälteste Sohn, Eduard, wäre demnach auf den Thron gefolgt. Der war aber schon 1820 gestorben. So kam dessen Tochter Victoria zu der Ehre. Und diese Ehre hat sie ausgenutzt. Vierundsechzig Jahre lang war sie die unumstrittene Herrscherin und prägte eine ganze europäische Epoche: das »Viktorianische Zeitalter«.

Es gibt übrigens Menschen, die die Rechtmäßigkeit ihrer Thronbesteigung bezweifeln. Sie sei gar nicht die leibliche Tochter von Eduard gewesen, sondern ein untergeschobenes Kind. Der britische Historiker A. N. Wilson glaubt, den Grund dafür zu kennen. Viele Nachkommen von Victoria erkrankten an Hämophilie, auch »Bluterkrankheit« genannt. Diese vererbliche Krankheit war aber vorher weder bei den Welfen noch in der Familie von Victorias Mutter bekannt. Wenn also Victoria, die nie Symptome dieser Krankheit zeigte, ein solches Gen in sich getragen haben sollte, hätte es aus einer anderen »Quelle« stammen müssen. Die Vermutung lautet: die Mutter hatte einen Liebhaber, und Victoria war damit ein »Kuckuckskind«.

Klarheit könnte ein DNA-Test an den königlichen Überresten bringen. Das lehnt Elisabeth II., die amtierende Monarchin, allerdings ab. »No comment« heißt es aus dem Buckingham Palace. Ließe sich Victorias uneheliche Geburt beweisen, wäre ihre Thronbesteigung nicht legitim gewesen. Und wäre dem so, hätte Ernst August I. in den Palast einziehen müssen. Dann hätten heute die Welfen und nicht die Windsors Anspruch auf den britischen Thron. Und damit wäre der jetzige Ernst August Prinz von Hannover der rechtmäßige König von England. Das wäre doch mal eine fette Schlagzeile für die Boulevardpresse!

M. Bertram, Das Königreich Hannover, Hannover 2004; G. M. Willis, Ernst August. König von Hannover, Hannover 1961; http://edition.cnn.com/2002/WORLD/europe/UK/09/02/offbeat.victoria.reut

Eucken, Rudolf → Nobelpreisträger

EXPO 2000

Die Expo 2000 in Hannover war ein Flop

Allen Unkenrufen zum Trotz war es ein schönes, buntes und vor allem internationales Fest. 18,1 Millionen Gäste besuchten das EXPO-Gelände zwischen dem 1. Juni und dem 31. Oktober 2000. Die weltweite Leistungsschau stand unter dem Motto: »Mensch–Natur–Technik«! Und tatsächlich: Es waren viele Menschen da, Natur war in allen Pavillons ein Thema, und alle zeigten die technischen Innovationen ihrer Länder. Davon gab es viele. 173 Nationen hatten ihre Zelte aufgeschlagen. Wer wollte, konnte sich das Spektakel aus einer Seilbahn heraus ansehen, die quer über das Ausstellungsgelände gespannt war. Und auch kulturelle Höhepunkte wechselten sich Schlag auf Schlag ab. Da gab es Konzerte von Ray Charles und den Scorpions, einen Freilichtgottesdienst des südafrikanischen Bischofs Tutu oder eine 21-stündige Aufführung des »Faust«.

Überschattet wurde das Großereignis allerdings von der permanenten Diskussion über die Kosten. Die EXPO GmbH und die verantwortlichen Politiker hatten dafür schon im Vorfeld eine Steilvorlage gegeben. Sie hatten die Kosten zu niedrig angesetzt und die Zahl der Besucher, die kommen sollten, zu hoch. Wenn mit vierzig Millionen Menschen auf der EXPO gerechnet wird und »nur« achtzehn Millionen kommen, dann ist das sicher schon ein Unterschied. Aber im Vergleich dazu werfen wir einfach mal einen Blick auf die EXPO 2008 im spanischen Zaragossa, die nur 5,5 Millionen Besucher hatte. Oder auf die EXPO 2010 in Shanghai, zu der man siebzig Millionen Besucher erwartete. Das ist wenig, wenn man die Einwohnerzahl von Deutschland mit der Chinas vergleicht.

Was die Kosten angeht, haben die Kritiker sicherlich im Grundsatz recht. Der Verlust von einer Milliarde Euro, den die EXPO GmbH zu verbuchen hatte, ist keine Kleinigkeit. Das Land Niedersachsen, das sich diese Kosten mit dem Bund teilt, wird noch einige Jahre abzahlen müssen.

Damit steht die EXPO aber in einer Reihe mit vielen anderen Großereignissen auf der Welt. Und trotzdem bewerben sich auch nach der EXPO 2000 immer wieder Länder für Weltausstellungen, Fußballweltmeisterschaften oder Olympische Spiele. Oder freuen sich, wenn eine junge Frau wie Lena Meyer-Landrut den »Eurovision Song Contest« gewinnt und in Deutschland mal eben rund fünfundzwanzig Millionen Euro dafür locker gemacht werden müssen.

Dafür steht ein Land dann auch für eine gewisse Zeit im Mittelpunkt des Interesses. Alle sind sich darüber einig, dass die Fußballweltmeisterschaft in Deutschland im Jahr 2006 weltweit neue Freunde und viel Anerkennung für Deutschland gebracht hat. Eine reine Kosten-Nutzen-Rechnung ist da schwer aufzumachen. Image-Gewinn, Steuereinnahmen und die Belebung verschiedener Wirtschaftszweige werden doch auch gern als positiver Nebeneffekt mitgenommen. Hannover hat durch die EXPO eines der besten Nahverkehrsnetze in ganz Deutschland bekommen. Die Innenstadt ist »renoviert« und das Messegelände grundlegend erneuert worden. Und auch der Rest von Niedersachsen hat durch den Ausbau von Straßen, Schienennetzen und anderen Infrastrukturmaßnahmen mit einem Wert von knapp vier Milliarden Euro profitiert. Uelzen hat jetzt einen echten »Hundertwasserbahnhof«, in der Sternwarte Melle wurde das größte und für jedermann nutzbare Newton-Teleskop der Welt errichtet (↑Milchstraße), im Solling wurde ein Erlebniswald angelegt, das Bergwerk Rammelsberg (↑Bodenschätze) wurde zum Museum ausgebaut, und, und, und.

Also, die EXPO 2000 in Hannover war ökonomisch kein voller Erfolg, aber sie als Flop zu bezeichnen ist völlig falsch. Noch heute feiern viele Norddeutsche auf der EXPO-Plaza große Festivals. Und sicher ist auch, dass diese

Steuermilliarden hier sinnvoller angelegt waren als in so manch anderem Projekt.

www.hannover.ihk.de; www.expo2010-deutschland.de; www.ndr.de/kultur/-geschichte/expo/

Fallersleben, Heinrich August Hoffmann von → Nationalhymne

Fehn

Fehn sind niedersächsische Fabelwesen

Wie schön, in Märchen von Feen zu lesen, die wie Engel durch die Welt schweben und Menschen, die es gar nicht erwarten, Wünsche erfüllen.

Solche »Feen« mag es auch in Niedersachsen geben. Das »Fehn« ist allerdings etwas ganz anderes als die Wunschfee. »Fehn« mit »h« kommt aus dem Niederländischen. Dort wird es »Veen« geschrieben und bedeutet ganz einfach »Moor«. Entstanden ist der Begriff während der Moorkolonisierung. Dabei wurden die großen Moorflächen in Niedersachsen von Siedlern urbar gemacht und erschlossen. Es waren oft finstere und unheimliche Gegenden. Die größte und älteste deutsche Fehnkolonie wurde im Jahr 1630 gegründet und liegt in Papenburg. Die typische Endung »-fehn«, die vor allem im äußersten Nordwesten Niedersachsens verbreitet ist, fehlt dort allerdings. Andere Orte wie Wahrsingsfehn, Stiekelkamperfehn oder Großefehn weisen heute noch im Ortsnamen auf ihre Moorvergangenheit hin.

Die Moorflächen rund um das heutige Papenburg waren um das Jahr 1630 noch nicht besiedelt. Dietrich von Velen erwarb das damalige Lehngut aus dem Besitz Friedrichs von Schwarzenberg. Danach siedelte er Familien in dem Moorgebiet an. Diese lebten ein sehr ärmliches Leben. Sie legten Kanäle an, die das Moor entwässerten und zum Abtransport des gestochenen Torfes dienten, und bauten an den Ufern ihre kleinen Hütten und Häuschen. Ein solcher Fehnkanal wird auch als »Wieke« bezeichnet. Auf diesen Wieken fuhren Torfkähne, die getreidelt, also gezogen, wurden. Die ersten Treidler mussten die vollbeladenen Kähne noch selber ziehen. Eine schwere Arbeit. Die Treidelwege führten an den Kanälen entlang. Später kamen auch Pferde zum Einsatz, die die Arbeit der Männer übernahmen.

Für ihre harte Arbeit während der Kolonisierung wurden die Bewohner oft von den Steuern und die Männer vom Militärdienst befreit. Das harte Leben im Moor brachte folgende Lebensweisheit hervor: »Den Ersten sien Dod, den Tweeden de Not, den Darden dat Brot«, also auf ↑Hochdeutsch: »Dem Ersten den Tod, dem Zweiten die Not, dem Dritten das Brot.« Erst die dritte Generation hatte also die Chance auf ein Leben, das diesen Namen auch verdient. Viele, vor allem Kinder, starben früh in den feuchten und im Winter kalten Moorgebieten.

Gut beurteilen kann man das Leben der Moorbewohner in der »Von-Velen-Anlage« in Papenburg, einem Museum, das das beschwerliche Leben der ersten Moorsiedler zeigt. Die Plaggenhütten der ersten Generation wurden aus Holz und Torfsoden gemacht. Bei der Moorkate war zumindest der Giebel schon aus Ziegeln gemauert. Die Häuser der späteren Torfstecher waren schon komplett aus Ziegeln und hatten echte Pfannen auf dem Dach. Weitere Museen, die das Leben in den Fehngebieten zeigen, finden sich in Moordorf bei Aurich und in Groß Hesepe bei Meppen direkt an der Autobahn 31 im Emsland.

Die ersten Moorbewohner hätten für ihr »Fehnleben« sicherlich gerne bei echten Feen einige Wünsche abgegeben.

www.deutsche-fehnroute.de

Fürstenberg → Porzellan

Gänseliesel

Das Göttinger Gänseliesel ist das meistgeküsste Mädchen der Welt

Die japanischen Reiseveranstalter behaupten in ihren Reisemagazinen für Deutschland: Kein Mädchen der Welt ist so oft geküsst worden wie das Gänseliesel. Um das zu verstehen, muss man schon erklären, dass es sich beim Gänseliesel nicht um ein frühreifes Bauernmädchen aus den landwirtschaftlich geprägten Randgebieten Göttingens handelt, das es versteht, jungen Männern den Kopf zu verdrehen. Das Gänseliesel steht seit 1901 auf dem Marktplatz von Göttingen.

Und weil sie das jahraus, jahrein und bei jedem Wetter durchhalten muss, ist sie aus Bronze. Sie ziert den Brunnen vor dem Alten Rathaus. Seitdem sie dort steht, übt sie mit ihrer Schönheit eine magische Anziehungskraft besonders auf junge Studenten aus. Jeder neue Student an der Georg-August-Universität kletterte nach seiner Immatrikulation auf den Brunnen zu »Lisbethchen« rauf und gab der etwas unterkühlten Dame einen Kuss. Das ging jahrelang gut, bis die Polizei im Jahr 1926 von der Küsserei die Schnauze voll hatte. Also, weniger von der Küsserei an sich als vielmehr von den Partys, die währenddessen und danach auf dem Marktplatz gefeiert wurden.

Aber wie die Jungspunde nun mal so sind, die haben sich einfach nicht dran gehalten. So sah sich die Staatsgewalt genötigt, gegen das kusswütige Studentenvolk vorzugehen. Im gleichen Jahr führte das ungebührliche Knutschverhalten zum sogenannten »Kussprozess« von Göttingen. Der

Übeltäter war ein junger Graf Henckel von Donnersmarck. Vor Gericht gestellt, forderte er die »Kussfreiheit« für die angehende Studentenschaft. Doch da hatte er die Rechnung ohne die Richter gemacht. »Kussfreiheit« abgelehnt, Strafe in Höhe von zehn Reichsmark verhängt und basta! Das Kussverbot blieb, wurde allerdings weiterhin nicht besonders beachtet. Das Einzige, worauf sich die Studenten einließen, war, sich im Angesicht von »Lisbeth« nicht mehr so volllaufen zu lassen. Das Kussverbot galt offiziell noch bis zum 7. Juni 2001. Zum 100-jährigen Geburtstag des Gänseliesels wurde es vom Rat der Stadt Göttingen aufgehoben. Seitdem darf die junge Frau von den Studenten wieder ganz legal geküsst werden. Doch machen das nicht mehr zwingend die Erstsemester. Heute sind es die Doktoranden, die nach bestandener Prüfung die leicht glitschige Brunnenwand erklimmen.

Es gibt nach wie vor keine offizielle Statistik, wie viele Herrenmünder der »Lisbeth« eins aufgedrückt haben. Selbst die Polizei kann da nicht weiterhelfen. Seit 1990 ist die Gänseliesel allerdings fast unbemerkt ungeküsst geblieben. In diesem Jahr wurde die Figur nämlich ausgetauscht. Das Original steht seitdem im Städtischen Museum, aus konservatorischen Gründen, wie es heißt. Und dorthin würde sich ein Student nur des Küssens wegen wohl eher nicht verirren. Also küssen die Doktoranden seither eine »Fälschung«. Das scheint ihnen allerdings völlig egal zu sein.

Noch einmal zurück zu den Japanern. Die haben sich in das Göttinger Gänseliesel so verliebt, dass im Freizeitpark »Glückliches Königreich« in Obihiro ebenfalls eine

Kopie steht. Die Kussfrequenz dort ist genauso unbekannt wie die in Göttingen. Wobei in Japan öffentliche Orte beinahe immer videoüberwacht sind.

Zu klären bleibt noch die Frage, warum die Göttinger sich entschieden haben, an so prominenter Stelle, mitten auf ihrem Marktplatz, ausgerechnet ein Gänseliesel zu präsentieren. Da erwartet man doch eher das riesige Standbild eines ehemaligen Herrschers oder eines bekannten Forschers oder, oder, oder. Die Stadtväter hatten es um 1900 genauso vor. Es sollte das Stadtwappen werden mit berühmten Persönlichkeiten der Stadt. Doch die Bevölkerung war wohl gerade auf dem romantisch verklärten Trip. Und so durften Bildhauer Paul Nissen und Architekt Heinrich Stöckhardt, ausgerechnet zwei Berliner, die Idee vom Gänseliesel verwirklichen.

Und prompt gab es Zoff zwischen den Künstlern und dem Magistrat der Stadt. Das führte dazu, dass das Gänseliesel erst mit dreijähriger Verzögerung aufgestellt werden konnte. Die Freude war dahin, die Gemüter erhitzt. Deshalb gab es für die junge Frau nicht einmal eine Einweihungsfeier. Dabei können die Göttinger durchaus stolz sein auf ihre Tradition der Gänsezucht. Die »Chöttinger Mastchänse« waren weit über die Grenzen der Stadt hinaus bekannt.

Auch andere Städte in Niedersachsen weisen Spuren von echten Gänsen auf, zum Beispiel die »Goseriede« in Hannover. Das verweist auf die große Bedeutung der Geflügelzucht in Niedersachsen. Der Geflügelbestand ist in keinem anderen Bundesland so hoch wie in Niedersachsen. Ausgerechnet bei den Gänsen allerdings hat Nordrhein-Westfalen die Nase vorn! Ist aber auch kein Wunder, wenn das Gänseliesel mehr mit Knutschen als mit der Betreuung des Federviehs beschäftigt ist, dann kann das ja nichts werden.

Außerdem steht eins fest: Seit 1995 wird während des Gänselieselfestes ein »Göttinger Gänseliesel« aus Fleisch und Blut gewählt. Und die Dame kann schon deshalb nicht das meistgeküsste Mädchen der Welt sein, weil sie jeweils nur für ein Jahr amtiert. Da wird es schwierig, so einen ambitionierten Rekord aufzustellen.

www.wiki-goettingen.de; www.spiegel.de;
www.pro-city.de; www.proplanta.de

Gebrüder Grimm → Göttinger Sieben

Göttingen → Gänseliesel → Göttinger Sieben

Göttinger Erklärung → Göttinger Sieben

Göttinger Sieben

Die Göttinger Sieben waren eine Bande von Revolverhelden

Nein, mit den Glorreichen Sieben aus dem berühmten Western haben die Göttinger Sieben nicht viel gemeinsam. Sie waren zwar auch echte Helden, trugen allerdings nie Revolvergurte. Sie kämpften ganz ohne Waffen. Die Göttinger Sieben waren sieben Professoren der Universität Göttingen (↑Gänseliesel). Im Jahr 1837 rebellierten sie gegen König ↑Ernst August von Hannover, der die Verfassung außer Kraft gesetzt hatte, die noch von seinem Vorgänger verabschiedet worden war. Es war die Zeit vor der Revolution des Jahres 1848, der sogenannte »Vormärz«. Damals rang das Deutsche Bürgertum darum, die absolute Herrschaft der deutschen Fürsten zu begrenzen. Das wollten die natürlich verhindern. Wer gibt schon gerne seine Macht ab oder auf? Ernst August war in dieser Sache ein Hardliner. Einer seiner Gegenspieler in Göttingen war der Jurist und Historiker Christoph Friedrich Dahlmann. Dahlmann hatte selbst an der Ausarbeitung der Verfassung mitgearbeitet, die von seinem neuen Landesherren infrage gestellt wurde. Er setzte deshalb kurzerhand ein Protestschreiben auf und bat seine Professorenkollegen um Unterstützung. Nur weitere sechs waren mutig genug, mitzumachen. Der Jurist Wilhelm Eduard Albrecht, der Theologe Georg Heinrich August Ewald, der Historiker Georg Gottfried Gervinus, der Physiker Wilhelm Weber und die Brüder Jakob und Wilhelm Grimm. Während die Professoren den größten Teil der Kopfarbeit leisteten, wurden ihre Studenten richtig aktiv. Einige Hundert machten sich an die Arbeit, schrieben die Protestnote ab und schickten sie in die ganze Welt.

Das ging dem König eindeutig zu weit. Er ordnete eine Untersuchung an. Das Ergebnis war niederschmetternd. Am 14. Dezember 1837 wurden alle sieben Professoren ihrer Ämter enthoben. Dahlmann, Gervinus und Jakob Grimm wurden als Verantwortliche für die studentische Versandaktion sogar des Landes verwiesen. Vor allem jenseits der Landesgrenzen war die Aufregung in der politischen Öffentlichkeit groß. Wie sieben Bürger es wagen konnten, ihren Eid auf die Verfassung über die Treue zu ihrem Landesherren zu stellen und auch noch öffentlichen Widerspruch zu leisten! Aus heutiger Sicht war diese Zivilcourage der Göttinger Sieben ein wichtiger Schritt auf dem Weg zur Revolution von 1848 und zum deutschen Parlamentarismus. Der Historiker Heinrich von Treitschke feierte die Göttinger Sieben in seinem Buch »Deutsche Geschichte« sogar fast als Nationalhelden. Die Nationalsozialisten fanden später skurrilerweise, dass die sieben Professoren aus Göttingen Vorkämpfer einer Idee der Volksgemeinschaft gewesen seien und bescheinigten ihnen »vorbildhafte völkische Aufopferungsbereitschaft«. Absurder geht es kaum.

Am 12. April 1957 stellten sich mit wesentlich größerer Berechtigung 18 deutsche Physiker, darunter Otto Hahn, Werner Heisenberg und Carl Friedrich von Weizsäcker, in die Tradition der Göttinger Sieben. In ihrer »Göttinger Erklärung« wandten sie sich gegen die Aufrüstung der Bundeswehr mit Atomwaffen, und das mitten im Kalten

Krieg. Auch das fand ein starkes Echo in der Öffentlichkeit. Diesmal ganz ohne die Unterstützung durch studentische Schreibarbeiten. Die Wissenschaftler schickten ihren Text einfach an die Deutsche Presseagentur. Der damalige Bundeskanzler Konrad Adenauer war genau wie einst ↑Ernst August »not amused« über die Ansichten der Physiker. Er war beleidigt, und in beleidigender Weise erklärte er: »Zur Beurteilung dieser Erklärung muss man Kenntnisse haben, die diese Herren nicht besitzen. Denn sie sind nicht zu mir gekommen.«

Seit 1992 erinnert neben dem Niedersächsischen Landtag in Hannover das »Denkmal der Zivilcourage« an die Göttinger Sieben. Zivilcourage haben sie ohne Zweifel bewiesen. Sie haben persönliche Vorteile für die Interessen der Allgemeinheit aufs Spiel gesetzt. Irgendwie erinnert dieses Verhalten dann doch an die Glorreichen Sieben.

Ernst Böhme/Rudolf Vierhaus, Göttingen. Geschichte einer Universitätsstadt, Göttingen 2002; Historisches Museum Hannover (Hg.), Sieben gegen den König, Hannover 2007; www.goettinger-sieben.info

Granat

Granat ist ein Sprengstoff aus Niedersachsen

Granat hat in diesem Fall nichts mit Granaten zu tun. Auch nicht mit den Silicat-Mineralen, die schon in der

Antike als Geschmeide für die griechische und römische Damenwelt sehr beliebt waren. Granat ist eine Bezeichnung für die Nordseegarnele oder auch die Sand- oder Strandgarnele oder Porre oder Knat oder Nordseekrabbe. Sie sehen, es gibt viele Bezeichnungen für den Granat.

Die Nordseegarnele täuscht mit ihrem Namen vor, dass sie ausschließlich in der Nordsee zu Hause ist. »Crangon crangon« ist der wissenschaftliche Name des kleinen grauen Meeresbewohners. Die Krabbe, wie sie der Krabbenesser kennt, erhält die blassrosa Färbung erst nach dem Kochen. Vom Weißen Meer bis zur Atlantikküste Marokkos tummelt sie sich herum. Kleinere Abordnungen gibt es auch noch in der Ostsee, im Mittelmeer und im Schwarzen Meer. Wenn sie ausgewachsen ist, kann sie bis zu 9,5 Zentimeter lang werden. Sie besitzt eine Chitinhülle, die nach jeder Häutung erneuert wird, und sie hat Kiemen. Trotz ihrer Stielaugen kann sie nicht besonders gut sehen.

Mit den Menschen haben die Krabben gemein, dass sie sich in der Nacht fortpflanzen. Das machen sie im Alter von circa einem Jahr. Während sich die Menschen für ihre Fortpflanzung auf keine Jahreszeit festlegen, kümmern sich die Garnelen nur von April bis Juni und von Oktober bis März um ihren Nachwuchs. Wie bei vielen anderen Tierarten auch, sind die Männchen kleiner als die Weibchen. »Crangon crangon« tummelt sich in ausgewachsenem Stadium gern in tieferem Wasser. In der warmen Jahreszeit nutzt der Nachwuchs gern das Wattenmeer (↑Ostfriesische Inseln), um sich vor bösen Räubern zu schützen. Wenn es nicht das Wattenmeer ist, dann schwimmen die lieben Kleinen auch mal gern in das Brackwasser der Flussmündungen. Das ist allerdings nicht schädlich für den späteren Geschmack.

Wenn die Krabbenkutter aus den Häfen an der niedersächsischen Nordseeküste auf Fangfahrt gehen, haben die Krabben allerdings verspielt. Mittlerweile wird das ganze Jahr über gefischt, in früheren Jahren fuhr man nur von Mai bis in den Herbst hinein mit Körben und Netzen aufs Meer. Die Baumkurre der heutigen Kutter läuft über den Boden. Die Krabben werden mit den Netzen an Bord gehievt und sofort in einem großen Topf mit heißem Nordseewasser gekocht. Dabei erhalten sie ihre blassrosa Färbung. Die ersten Kunden der Fischer sind die Möwen, die während des Hebens der Netze auf Beute hoffen. Sind die Netze an Bord, warten sie darauf, dass die Fischer den Beifang über Bord werfen. So hat jeder was davon.

Als Krabbenpulen bezeichnet man die undankbare Aufgabe, das köstliche Fleisch der Krabben aus der harten Schale zu bekommen. Pulen ist norddeutsch und bedeutet abschälen, entfernen, lösen. Dabei wird die Krabbe an beiden Enden zwischen Zeigefinger und Daumen genommen. Dann wird der Panzer gebrochen und gedreht. Zuerst wird die eine Hälfte des Panzers abgezogen, dann die andere Hälfte. Das hört sich sehr einfach an. Wer allerdings schon mal beobachtet hat, mit welcher Geschwindigkeit die eingeborenen Krabbenpulerinnen den Granat aus seiner harten Schale befreien, der scheitert spätestens beim Selbstversuch. Krabbenpulen ist total schwer. Wer es nicht beherrscht, der verhungert dabei. Krabbenpulerinnen schafften früher zehn Pfund in einer Stunde. Die Zeit der Pulerinnen ist allerdings vorbei, außer beim Showpulen für Touristen in den Küstenorten. Als es sich nicht mehr rentierte, weil die Preise für die Krabben gesunken waren, wurde der Granat nach Polen gebracht und dort gepult. Mittlerweile sogar nach Marokko. So richtig frisch können die dann aber nicht mehr sein, egal wie kühl sie gelagert werden. Mittlerweile gibt es allerdings auch Krabbenpulmaschinen. Lange hatte man versucht, so etwas zu entwickeln. Die ersten Modelle haben die Krabben eher zerfetzt, ließen noch Fleisch im Panzer oder zu viele Krabben kamen hinten genauso wieder raus, wie man sie vorne eingegeben hatte. Der Niederländer Ilja van Woensel hatte dann offenbar die richtige Idee. Er lässt einfach Kopf und Schwanz von der Maschine abschneiden, dann sägt eine Art Kreissäge den Körper auf und das Fleisch wird aus der Schale gebürstet.

Heute ist der Granat ein absoluter Gaumenschmaus und eine Delikatesse. Touristen stehen auf Krabbenbrötchen oder Krabbencocktail. In den Lokalen an der niedersächsischen Nordseeküste gibt es viele Arten der Zubereitung. Das war jedoch nicht immer so. Krabben galten lange Zeit als Armeleuteessen. Für den Eigenbedarf gingen vor allem Fischer ohne Land mit Sperrnetzen, Schiebenetzen oder Schiebehamen in flachen Gewässern und Prielen auf Krabbenfang. Die Krabben wurden dann über offenem Feuer gegart und in Portionen verkauft, die die Kunden in ihren Taschentüchern mitnahmen. Während des Gehens wurden sie dann wie ein kleiner Snack verzehrt. Ein wenig Naschen für die Armen. In Teilen Dithmarschens sollen Krabben sogar als Futter für die Schweine- und Entenmast genutzt worden sein. Welch ein Frevel aus heutiger Sicht! Also, nichts wie rauf zur Küste und frischen Granat naschen.

A. Kästner, Lehrbuch der speziellen Zoologie, Band I, Jena 1987

Großenkneten

In Großenkneten gibt es ein großes REHA-Zentrum

Das große Kneten in Großenkneten findet nicht statt, fällt aus, gibt es nicht, nur auf Bestellung oder in einer »normalen« Massagepraxis. In jedem Fall gibt es in Großenkneten kein REHA-Zentrum. Obwohl die Lage fantastisch ist. Großenkneten ist eine große Flächengemeinde im Landkreis Oldenburg. Sonst hieße es ja auch Kleinenkneten. Also, eigentlich wäre jede Menge Platz für eine fette Knetbude mit allem Zipp und Zapp. Da könnte man locker diverse Wellnessbereiche neben den Räumen für medizinische Anwendungen bauen. Auch die Verkehrsanbindung ist top. Wer sich massieren lassen wollte – aber es geht ja nicht, zumindest nicht in einem REHA-Zentrum –, der könnte von der Autobahn 1 die Abfahrt Alhorner Heide oder Wildeshausen West nehmen. Auf der Autobahn 29 gibt es sogar eine Abfahrt »Großenkneten«. Auch landschaftlich hat Großenkneten Großes zu bieten. Der Ort liegt idyllisch in der Wildeshauser Geest zwischen den Flüssen Hunte und Lethe. Richtig groß sind neben dem Ortsnamen vor allem die Steine. Die liegen da seit vielen tausend Jahren herum, und das nicht zufällig. Die Vorfahren der heutigen Großenknetener haben ↑Hünengräber aufgeschichtet. Die Megalithkultur lässt grüßen. Riesige Steine haben sie gestapelt. Da fragt man sich heute: Wie und warum haben die das eigentlich gemacht? Und wie haben die das hingekriegt, ohne sich dabei den Rücken zu verheben? Vielleicht hatten die ja damals schon eine primitive Form der Rückenmassage entwickelt … Da wäre der Name Großenkneten wieder Programm gewesen.

Sollte Ihnen der Name »Großenkneten« irgendwie bekannt vorkommen, ohne dass sie jemals da gewesen sind, dann könnte das an einem Trio liegen. »Da, da, da« ist kein hektischer Hinweis eines Eingeborenen auf ein Großereignis. »Da, da, da« war der Megaerfolg der Gruppe »Trio«. Stefan Remmler, Peter Behrens und Gert Krawinkel machten Großenkneten für eine Zeitlang zu einem Kultort der Neuen Deutschen Welle. Vor diesem Nummer-eins-Hit waren alle drei musikalisch relativ erfolglos gewesen. Remmler und Krawinkel waren in den 1970er Jahren sogar verbeamtete Lehrer. Voll spießig, würde man heute sagen. Peter Behrens war in dieser Zeit auf einer Clownschule in Mailand. Ende der 1970er Jahre mieteten sich die drei ein Wohnhaus in Großenkneten. Die Adresse »Regenterstr. 10a, 2907 Großenkneten 2, Tel.: 04435/2300« prangte später auf ihrem ersten, schlicht-weißen Album. 1982 erschien dann »Da, da, da«. Da war dann Schluss mit der Ruhe.

Besonders beeindruckend war der absolute Minimalismus, mit dem die drei spielten. Stefan Remmler sang und drückte Tasten auf dem kleinen Keyboard CASIO VL-1, Gert Krawinkel zupfte die E-Gitarre und Peter Behrens schlug das Schlagzeug.

Ihre Single »Da, da, da« konnten sie weltweit dreizehn Millionen Mal verkaufen, und sogar international waren sie damit voll angesagt. 1986 war es dann aus, die Band löste sich auf. Gert Krawinkel blieb dem Ort am längsten treu. Er lebte noch bis 1989 in Großenkneten.

Thorsten Schmidt: Neue Deutsche Welle, Kiel 2001; www.großenkneten.de

Grote, Hermann → Niedersachsenlied

Grünkohl → Palmen

Haase, Hugo → Erfinder

Hameln

In Hameln gibt es besonders viele Ratten

In Hameln wimmelt es nur so von Ratten! Das kann doch nicht anders sein in einer Stadt, in der Deutschlands berühmtester Rattenfänger tätig war. Es gibt kaum ein Land auf der Welt, in dem die Sage des buntgekleideten Mannes nicht bekannt ist. Er kam im Jahr 1284 nach Hameln und versprach den Bürgern, die Stadt von Mäusen und Ratten zu befreien. Nachdem der Lohn verhandelt worden war, zückte er seine Pfeife und lockte damit Mäuse und Ratten aus den Häusern. Mit fröhlichem Geträller ging es in einem langen Zug aus der Stadt heraus an die Weser. Dort stürzten die Nagetiere in den Fluss und ertranken. Der Job war erledigt. Doch plötzlich litten die Hamelner Bürger an schwerer Amnesie und wollten sich beim besten Willen nicht mehr an den vereinbarten Lohn erinnern. Wütend verließ der Rattenfänger die Stadt. Aber er kam wieder. Diesmal lockte er mit seinem Flötenspiel die Kinder aus der Stadt. Die folgten ihm genauso wie die Ratten. Durch das Ostertor ging es in einen Berg hinein und die Kinder, von 130 ist die Rede, wurden nie wieder gesehen.

Bei dieser Kindesentführung ging es sicherlich mit dem Teufel zu. Die Hamelner machten aus dem Verlust der Kinder trotzdem ein lukratives Geschäft. Wegen dieser Sage kommen heute vier Millionen Tagestouristen jährlich nach Hameln. Hameln hat übrigens 60 000 Einwohner. Die Stadt hat den offiziellen Beinamen »Rattenfängerstadt«, hat eine »Rattenfängerhalle«, man kann eine Rattenfängerführung, mit und ohne Kinder, buchen. Das »Rattenfänger-Freilichtspiel« wird sonntags aufgeführt, und mittwochs gibt es das »Rattenfängermusical«. Wer es ganz heftig mag, der bucht gleich das Urlaubsarrangement »Rattenfänger meets ↑Münchhausen«. Von den unzähligen »Rattenfängersouvenirs« ganz zu schweigen.

Viele Touristen kommen aus China, wo die Ratte definitiv einen wesentlich besseren Ruf hat als bei uns in Niedersachsen. Die offiziellen Hamelner Plüschratten werden den ausländischen Gästen auch auf Englisch angepriesen: »really cute, machine washable, soft stuffed«. Preis: knapp sechs Euro.

Das Einzige, was der Tourist in Hameln so gut wie nie zu Gesicht bekommt, sind echte Ratten. Es ist anzunehmen, dass weder die Hamelner noch die Touristen das besonders bedauern. Die meisten Menschen, außer vielleicht die Chinesen, finden Ratten an sich sehr unappetitlich. Die Stadtväter dürften deshalb auch nicht auf die Idee kommen, in Hameln Rattenbiotope anzulegen, in denen sich die Nager fleißig vermehren können. Auch nicht, wenn dadurch die Darbietungen wirklich viel realistischer wirken würden. Ratten sind Schädlinge nach dem Infektionsschutzgesetz. Sie können Tuberkulose, Typhus und andere Krankheiten übertragen. Deshalb müssen sie schon von Amts wegen bekämpft werden, auch in Hameln. Zuletzt musste darauf im Jahr 2008 einiges an Kraft verwendet werden. Denn da war die Stadt tatsächlich mit einer kleinen Rattenplage konfrontiert. Die ging von einer verwilderten Kleingartenanlage in der Nähe der Innenstadt aus. Herumliegender Müll und verfallene Gartenhäuschen und Schuppen waren wie geschaffen als Siedlungsgebiet für die Nager. Wegen ungeklärter Eigentumsverhältnisse war eine Bekämpfung nicht so leicht möglich. Die Ratten nahmen darauf keine Rücksicht und die Schuppen in Besitz und vermehrten sich fleißig. Die Stadt musste schon Gerüchte dementieren, die besagten, dass Hameln sich die Ratten wegen des anstehenden 725-jährigen Stadtjubiläums 2009 heranzüchtete. Der mittlerweile städtische (und vermutlich bezahlte) Rattenfänger bekam das Problem relativ schnell in den Griff. Die Pfeife ließ er zu Hause und nahm ganz gewöhnliche Giftköder.

Warum gerade Hameln zum Spielort der Rattenfängersage wurde, wird wohl nicht mehr zu klären sein. Verlässliche Zahlen für die Attraktivität der Stadt als Heimat für Nager sind Mangelware. 2005 schlug der Landesverband der Schädlingsbekämpfer in Niedersachsen und Bremen Alarm. Die Zahl der Ratten hatte sich in Hannover auf stolze 1,5 Millionen verdoppelt. Wenn sich der damals statistisch errechnete Wert von 3,5 Ratten pro Einwohner auf andere Städte in Niedersachsen übertragen ließe, dann müsste es in Hameln knapp 210 000 Ratten geben. Das wären allerdings gerade mal 0,05 Ratten pro Tourist. So gesehen, sind Ratten in Hameln eher Mangelware.

Gebrüder Grimm, Gesammelte Sagen; www.hameln.de; Süddeutsche Zeitung vom 18.11.2008; Die Welt vom 19.11.2008

Hanse

Die Hanse gibt es nicht mehr

Was waren das für Zeiten, als die in der Hanse zusammengeschlossenen Städte aus Norddeutschland eine Weltmacht waren. Sie verhandelten mit den Fürsten und Königen auf Augenhöhe. Davon können Bürgermeister heute nur träumen, wenn sie beim Deutschen Städtetag regelmäßig über Kürzungen des Bundesfinanzministers klagen müssen.

Dabei fing es doch mal so gut an! Der Hansebund gründete sich Mitte des 12. Jahrhunderts. Ursprünglich war er allerdings gar kein Städtebund, sondern vielmehr ein Zusammenschluss von niederdeutschen Kaufleuten (↑Hochdeutsch). Die unterstützten sich gegenseitig bei der Sicherung ihrer Fahrten durch die Nord- und Ostsee. Damit konnten sie ihre Handelsinteressen besser durchsetzen. Gemeinschaft macht stark, das wusste man schon damals.

Erst gegen Ende des 13. Jahrhunderts entstand daraus ein lockerer Verband der Städte, in denen die Kaufleute ansässig waren. Die Führung übernahm die Reichsstadt Lübeck. Später gab es dann den Hansetag. Das war so etwas wie eine gemeinsame Regierung für den zu Spitzenzeiten zweihundert Städte umfassenden Bund. Nicht nur norddeutsche Städte gehörten dazu. Handelsplätze in ganz Europa schlossen sich an, von den Niederlanden bis Estland, von Polen bis Schweden. Es waren auch nicht nur Städte in Küstennähe oder mit direktem Zugang zum Meer dabei. Viele Orte im Binnenland beteiligten sich indirekt am Hansehandel. Das ging im Süden bis nach Köln und

Erfurt. Auch viele niedersächsische Städte gehörten zur Hanse, wie Stade oder Lüneburg.

Die Hanse hatte im Laufe ihres Bestehens viele Herausforderungen zu meistern: Das Piratenunwesen in Nord- und Ostsee musste bekämpft werden (↑Störtebeker). Die Hanse musste sich gegen die Konkurrenz aus Süddeutschland wehren. Auch die Engländer und Italiener galt es auf Abstand zu halten. Nicht zu vergessen die deutschen Fürsten, denen die Eigenständigkeit und Macht der Hansestädte mächtig gegen den Strich ging. Viele Städte wurden gezwungen, aus dem Verbund auszutreten. Im 17. Jahrhundert waren die goldenen Zeiten der Hanse dann vorbei. 1669 fand in Lübeck der letzte Hansetag statt, es war endgültig Schluss.

Doch wie heißt es so schön: Totgesagte leben länger! Die Hanse existiert immer noch. Das nicht nur im Namen der bekannten Hansestädte Hamburg, Lübeck, Wismar oder Bremen, sondern auch (wieder) als Städtebund. Die neue Hanse wurde 1980 im niederländischen Zwolle gegründet. Es sollte ein grenzübergreifender Bund werden für Wirtschafts- und Handelskontakte und für Kultur und Wissenstransfer. Mit gemeinsamen PR-Aktionen und einem jährlichen Hansetag will die neue Hanse auf das Erbe der alten Hanse aufmerksam machen. Sogar die Dimensionen von früher sind schon fast wieder erreicht. Die Hanse zählt mehr als 170 Mitglieder aus Deutschland, Belgien, England, Estland, Finnland, Frankreich, Island, Lettland, Litauen, den Niederlanden, Norwegen, Polen, Russland, Schottland, Schweden und Weißrussland. Von den knapp hundert deutschen Städten liegt etwa ein Viertel in Niedersachsen: Alfeld, Bad Iburg, Bockenem, Braunschweig, ↑Buxtehude, Duderstadt, Einbeck (↑Bier), Fürstenau, Goslar, Göttingen, Gronau, ↑Hameln, Haselünne, Helmstedt, Hildesheim, Lüneburg, Melle, Meppen, Osnabrück, Osterode, Quakenbrück (↑Artland), Stade, Uslar und Uelzen. Der Hansetag 2012 soll in Lüneburg stattfinden, der im Jahr 2027 in Braunschweig. Das ist zwar noch etwas hin, aber die neue Hanse dürfte bis dahin wohl bestehen.

Niedersachsen beheimatet übrigens auch die vermutlich »jüngste« aller neu-alten Hansestädte. Die am Rande des ↑Alten Landes gelegene Stadt Stade hat erst 2008 vom niedersächsischen Innenminister die Genehmigung bekommen, sich offiziell Hansestadt zu nennen. Das ist nur gerecht. Stade ist als Hafen und Handelsplatz schließlich älter als Hamburg.

Rolf Hammel-Kiesow, Die Hanse, München 2000; www.hanse.org

Harzer Roller

Harzer Roller sind Käselaibe aus dem Harz

Wer den Kühlschrank öffnet und dort einen Harzer Roller zu lange offen und ohne Aufsicht hat liegen lassen, dem kann oft nur noch eine Atemschutzmaske oder im schlimmsten Fall eine Wiederbelebung helfen. Als »Harzer Roller« wird ein Sauermilchkäse aus Magermilch bezeichnet. Ursprünglich stammt der Käse aus dem Harzvorland. Er hat die Form von kleinen, runden Käselaiben und wird zu mehreren in einer Rolle verkauft. In manchen Gegenden wird er Handkäse genannt. Kümmel gibt dem »Harzer Roller« seinen kernigen Geschmack. Je älter der Roller wird, desto intensiver wird sein Geruch. Er gilt als äußerst kalorienarm und wird gern für Diäten genutzt.

Der ursprüngliche »Harzer Roller« ist allerdings ein Kanarienvogel. Er wurde um 1820 von Bergleuten nach St. Andreasberg gebracht. Viele Bergleute aus dem Harz fingen damals mit der Zucht an. Es kam erst einmal drauf an, für viel Nachwuchs zu sorgen. Doch das änderte sich bald. Die Qualität der Vögel wurde danach gemessen, wie gut sie singen konnten. Besonders gelungen war die Zucht, wenn die Vögel schöne »rollende« Touren singen konnten. Daher auch der Begriff »Harzer Roller«. Schnell waren sie auch über die Grenzen des Harzes hinaus bekannt. Zuerst ging es mit den Vögeln nach Innsbruck, Berlin, Nürnberg oder Hamburg. Später trällerten sie dann sogar im Zarenpalast in St. Petersburg. Auch in die USA wurde exportiert (↑Amerika). 15 000 dieser kleinen Flieger siedelten um 1860 jährlich über. 1873 sollen es sogar schon 130 000 gewesen sein. Gegen Ende des 19. Jahrhunderts wurde mit über einer Million die höchste Zahl erreicht.

Eine Legende rankt sich auch um die Verwendung der »Harzer Roller« als Lebensretter. Die Bergleute im Harz arbeiteten in großen Tiefen. Bis zu eintausend Meter ging es in den Berg. Je tiefer es ging, desto schwieriger war die Versorgung der Bergleute mit Sauerstoff. Die »Harzer Roller« nahm man angeblich als Sauerstoffanzeiger mit. Wurde die Luft knapp, fingen die »Roller« an zu singen, und die Bergleute verließen den Schacht.

Wer sich näher für die Harzer Roller interessiert, kann das Kanarienvogelmuseum in St. Andreasberg besichtigen – oder er macht einen Abstecher zum nächsten Kühlregal im Supermarkt.

www.harzer-roller.de

Haselünner Kuhweide → Wacholderhain

Häuptlinge → Adel

Heideromantik → Lüneburger Heide → Löns, Hermann

Hochdeutsch

Niedersachsen ist die Geburtsstätte der hochdeutschen Sprache

Der Niedersachse an sich spricht das reinste Hochdeutsch! Diese Annahme ist vor allem jenseits der Landesgrenzen verbreitet. Die meisten Bundesländer, deren Bürger sprachliche Färbungen in ihrer deutschen Sprache haben, glauben daran. Vor allem Hannover gilt als Zentrum der Deutschen Sprachkultur und schmückt sich gerne damit.

Es gibt allerdings auch Zweifler, die das merkwürdig finden. Einer davon war der Philosoph Theodor Lessing. Der schrieb schon 1919 in einer Satire: »Jäo oder wie ein Franzose auszog, um in Hannover das ›raanste‹ Deutsch zu lernen«. Denn auch »anner Laane« (hochdeutsch: an der Leine) gibt es Menschen, die etwas anderes sprechen als reines Hochdeutsch.

Trotz all der Zweifel ist die starke Ausprägung des Hochdeutschen in Niedersachsen unverkennbar. Es stellt sich nur die Frage, wie es dazu kam. Sprachgeschichtlich teilt sich Deutschland in ein hochdeutsches und ein niederdeutsches Gebiet. Die Grenze zwischen beiden ist die sogenannte »Benrather Linie«. Die liegt auf der Höhe von Düsseldorf. Südlich dieser Linie haben sich im Mittelalter die Laute verschoben. Aus t wurde ss oder z (also zum Beispiel »Water« zu »Wasser« oder »Tied« zu »Zeit«), aus p wurde pf (also »Appel« zu »Apfel«), aus d wurde t (»Düvel« zu »Teufel«), und aus k wurde ch (»maken« zu »machen«). Das Niederdeutsche (↑Plattdeutsch) ist also mit dem Englischen und Niederländischen sehr verwandt.

Im Mittelalter wurde Niederdeutsch vor allem im Bereich der ↑Hanse gesprochen. In Süddeutschland entwickelte sich dagegen das Hochdeutsch auf ganz eigenen Wegen weiter. Zu Beginn des 16. Jahrhunderts prägte es dann eines der einflussreichsten Bücher Deutschlands: die Bibel! Der Sachse Martin Luther übersetzte sie aus dem

Lateinischen und benutzte dafür die Sprache, die er im Alltag gebrauchte, das Hochdeutsche. Weil besonders im Norden Deutschlands viele Regionen vom katholischen zum protestantischen Glauben wechselten, wurde im Norden die hochdeutsche Luther-Bibel viel mehr gelesen und vorgelesen als im Süden. Für viele »plattdeutsche« Niedersachsen war das Hochdeutsch von Martin Luther eine völlig neue Sprache. Die musste neben der Alltagssprache Niederdeutsch dazugelernt werden und war von der Muttersprache so weit entfernt, dass sie sich nicht mit ihr vermischte. Viele Norddeutsche wuchsen jetzt quasi zweisprachig auf. Die Süddeutschen dagegen konnten ihre Dialekte einfach weiter sprechen und lesen. Das glaubten sie zumindest. Noch heute trifft man Bayern oder Schwaben, die sich nicht von dem Glauben abbringen lassen, dass sie Hochdeutsch sprechen. Das Land Baden-Württemberg hat allerdings aus der Wahrheit eine Tugend gemacht. Ihr Slogan »Wir können alles außer Hochdeutsch!« macht die Schwaben im Norden besonders sympathisch.

Im 18. Jahrhundert haben sich vor allem die norddeutschen Residenzstädte zu Leuchttürmen des Hochdeutschen entwickelt. Deren Sprache galt als vorbildlich und als Vorbild für eine korrekte Aussprache. Das lag auch daran, dass die fürstlichen Verwaltungen immer mehr Beamte auch aus anderen Teilen Deutschlands anzogen. Die benutzten innerhalb und auch außerhalb ihrer Büros nur Hochdeutsch als Verkehrssprache. Schon früher war es so, dass die besseren Kreise den Ton angaben. Deshalb bemühten sich bald auch die übrigen Bürger, nur noch Hochdeutsch zu sprechen. So wurde das Platt in den größeren

Städten nach und nach verdrängt. Die Entwicklung verlief nicht nur in Hannover so, sondern auch in Lüneburg, Braunschweig oder Celle. Wegen ihrer Größe und herausragenden Stellung war die Stadt »anner Laane« allerdings das Musterbeispiel hochdeutscher Sprachkultur. Und das, obwohl König ↑Ernst August von Hannover, in England aufgewachsen, während seines gesamten Lebens nie richtig Deutsch sprechen konnte.

Goetz Buchholz, Niedersachsen, Hannover 1998; Dietrich Schwanitz, Geschichte Europas, Frankfurt am Main 2000; Hannoversche Allgemeine vom 5.12.2008

Hundertwasserbahnhof → EXPO 2000

Hünengräber

In Hünengräbern liegen große Niedersachsen begraben

Der preußische Soldatenkönig mochte Hünen. Die »Langen Kerls« waren seine Lieblingstruppe. Adolf Hitler suchte Hünen für seine Leibstandarte. Neben ihnen sah er aus wie ein kleiner Hutzelzwerg. Ein Hüne ist per Definition ein übermenschlich großes und starkes Wesen. Manchmal wird ein Hüne auch mit einem Riesen verglichen. Im Sport ist es der durchtrainierte Zehnkämpfer, der als Modellathlet auch im alten Griechenland hätte mithalten können.

Also wäre es auch nicht abwegig, wenn in den niedersächsischen Hünengräbern große Menschen begraben liegen würden. Dabei steht die Bezeichnung »Hünengrab« für große Megalithanlagen: Grabanlagen aus aufgeschichteten Steinen, die vor allem in Norddeutschland als »Hünengräber« bezeichnet werden. Nicht zu verwechseln mit den auch in Niedersachsen verbreiteten »Hügelgräbern«. Hier sind die Grabanlagen teils ober-, teils unterirdisch angelegt, wobei das Grab zusätzlich mit Erde abgedeckt ist. Darauf wuchs dann in der Regel Gras, Moos oder auch Gebüsch. Von außen sind sie als Hügel gut zu erkennen.

Eine ebenso bekannte Bezeichnung für Hünengräber ist »Dolmen«. Dieses Wort stammt aus dem Bretonischen und bedeutet so viel wie »Steintisch«. Wer sich die vielen Hünengräber in Niedersachsen ansieht, wird feststellen, dass es auch hier zahlreiche Grundsteine gibt, auf die ein riesiger Abdeckstein gelegt wurde. Die niedersächsischen Hünengrabbauer haben ihren Bestattungskult in der Zeit zwischen 3500 und 2000 vor Christus gelebt. Wegen der Art ihrer Trinkgefäße gehören die Menschen dieser Zeit zur sogenannten »Trichterbecherkultur«. Sie lebten vom Ackerbau und hielten sich Schafe, Schweine und Rinder als Haustiere. Sie wohnten in Holzhütten. Für ihre Verstorbenen errichteten sie die Hünengräber. Die großen Steinblöcke waren aus der letzten Eiszeit übrig geblieben.

Die ersten Grabanlagen waren nicht sehr groß und auch nicht sehr geräumig. Trotzdem war es eine harte Arbeit, die Steine aus der näheren und weiteren Umgebung über Holzstämme zu ihrem Bestimmungsort zu rollen. Die Steine wurden zu einem Rechteck gelegt. Danach wurde über eine Rampe der Deckstein oben aufgesetzt. Man weiß heute nicht mehr genau, warum, aber irgendwann hat sich die Grabkultur der ursprünglichen Dolmen verändert. Wissenschaftler vermuten, dass die Bevölkerungszahl anstieg. In jedem Fall wurden aus den kleinen Hünengräbern plötzlich große. Diese werden auch als »Ganggräber« bezeichnet. Die Steine wurden nicht mehr nur hingelegt, sie wurden jetzt eingegraben und aufrecht gestellt. In die Lücken zwischen den Großsteinen wurden Steinplatten aus Rotsandstein gestellt. In den späteren Großdolmen gab es auch Vorräume. Ob dort kultische Handlungen stattgefunden haben, kann nur vermutet werden. Die Abmessungen wurden vergrößert, und in den Gräbern konnten nun mehrere Tote beigesetzt werden. Obwohl: Tote wurden hier gar nicht beigesetzt. Es waren deren Gebeine, die in den Hünengräbern bestattet wurden. Wahrscheinlich ist, dass die Urniedersachsen die Toten zuerst beerdigt haben. Die Knochen wurden später wieder ausgegraben und dann in die Gräber gelegt.

In Niedersachsen sind im Emsland viele dieser Hünengräber zu finden. Sie liegen sehr oft in Wäldern. Alle Formen kann man sich ansehen: Vom einfachen Hünenstein über Steinkreise und Großsteingräber bis hin zu Königsgräbern ist alles dabei.

In der Nähe von Visbek, im Oldenburger Münsterland, haben die Gräber sogar Namen. Dort stehen neben der »Visbeker Braut« der »Visbeker Bräutigam« und auch noch der passende »Brautwagen« dazu. Nicht weit entfernt findet man einen Heidenopfertisch.

Wer richtig viele dieser Gräber sehen will und dabei auch noch Lust auf andere Kulturdenkmäler hat, der kann den »Hünenweg« wandern. 208 Kilometer von Osnabrück nach Papenburg. Los geht es am Wiehengebirge, durch das Nettetal, über die Ankumer Höhen, durch Moorgebiete, die Flussauen der Hase bis zum Hümmling. Zu sehen gibt es dort unter anderem das verwunschene Stift Börstel, die Barockschlossanlage von Clemenswerth oder die Kornbrennerstadt Haselünne. Wer dann nach der Tagestour keinen Hünenhunger verspürt, der hat eine Abkürzung genommen. Und ganz unter uns: Bei gutem Wetter kann man an oder auch auf den Hünengräbern eine kleine Pause machen und sich in die Zeit der Riesen zurückversetzen lassen.

Sibylle von Reden, Die Megalithkulturen, Köln 1978; Mamoun Fansa, Großsteingräber zwischen Weser und Ems, Oldenburg 1994; www.huenenweg.de

Käfer

Der VW Käfer wurde in Niedersachsen entwickelt

Ja, der süße Käfer! Als dieses Auto erfunden wurde, konnte niemand ahnen, dass aus ihm einmal ein Klassiker mit

Weltruhm werden würde. Ob in Filmen als »Herbie«, in der Werbung (»Er läuft und läuft und läuft …«), bei den amerikanischen Hippies als »Flower-Power-Auto« oder einfach nur als die »Alpenkatze« für die vielen Italientouristen, die damit über den Brenner kraxelten – der Käfer war ein klassenloses Traumauto.

Dabei fing seine Geschichte alles andere als romantisch an. 1933 bekam der Konstrukteur Ferdinand Porsche den Auftrag von Adolf Hitler, einen Volkswagen zu bauen. Das mit dem »Volk« hatte damals noch eine völlig andere Bedeutung. Der Wagen sollte die Deutschen mobil machen. Es waren auch Bedingungen an den Wagen geknüpft. Zwei Erwachsene und drei Kinder sollten darin Platz finden, er sollte 100 km/h fahren können, nicht mehr als sieben Liter Sprit auf hundert Kilometer verbrauchen und weniger als tausend Reichsmark kosten. Porsche verpflichtete sich, einen Prototypen in weniger als zehn Monaten herzustellen. Wie wir heute wissen, klappte das nicht. Erst am 24. Februar 1936 konnten eine Limousine und ein Cabrio in Berlin der Öffentlichkeit vorgestellt werden.

Diese Prototypen hatte Ferdinand Porsche in der Garage seines Wohnhauses in Stuttgart hergestellt. Damit ist auch klar, dass der Käfer nicht in Niedersachsen das Licht der automobilen Welt erblickte. Er sah damals dem später gebauten Typ schon sehr ähnlich. Der Wagen basierte auf einem NSU-Prototypen. Die Türen waren an der B-Säule angeschlagen, die Frontscheinwerfer lagen sehr dicht zusammen und nicht wie später in den Kotflügeln. Außerdem hatte der Urkäfer kein Heckfenster.

Porsche experimentierte mit zwei Motorvarianten.

Durchgesetzt hat sich der luftgekühlte Boxer-Motor mit dem typischen Käfer-Sound, der übrigens mit mehr PS auch in die ersten Porsches nach dem Zweiten Weltkrieg eingebaut wurde. Ab 1938 wurden die Türen schon vorn angeschlagen. Hinten rausgucken konnte der Fahrer auch, denn bis 1953 wurde im Käfer das sogenannte »Brezelfenster« eingebaut. Nicht weil es so schick aussah, sondern weil es sehr teuer war, Glas zu biegen und in eine runde Form zu bringen.

Der Begriff »Volkswagen« wurde durch »KdF-Wagen« ersetzt. »KdF« steht für »Kraft durch Freude«, der Name der NS-Urlaubsorganisation der Deutschen Arbeitsfront. Adolf Hitler war trotz der Verspätung begeistert von dem Wagen. Am 26. Mai 1938 wurde der Grundstein für das Volkswagenwerk bei Fallersleben in Niedersachsen gelegt (↑Nationalhymne). Heute ist Fallersleben ein Stadtteil von Wolfsburg. Am 1. Juli folgte der erste Spatenstich für die dazugehörige Arbeiterstadt.

Der Kaufpreis für einen Volkswagen war auf 990 Reichsmark festgelegt worden, heute wären das ungefähr 4000 Euro. Das Auto konnte aber nicht gegen Barzahlung abgeholt werden. Es wurden Sparkarten ausgegeben, in denen man Wertmarken von je fünf Reichsmark einkleben konnte, um so das Auto langsam anzusparen. Als 1939 der Zweite Weltkrieg ausbrach, war es mit dem Traum vom eigenen Volkswagen vorbei. Die Produktion wurde auf Krieg umgestellt. Statt der Käfer rollten rund 65 000 Kübel- und Schwimmwagen vom Band. Von den bis dahin registrierten 330 000 KdF-Wagensparern hat niemand einen Volkswagen bekommen. Die so geprellten Wertmarkenbesitzer bekamen nach einem Vergleich im Jahr 1961 allerdings die Möglichkeit, bei einem vollgeklebten Heft einen Rabatt von 600 DM auf einen Volkswagen zu bekommen. Das war damals knapp ein Sechstel vom Kaufpreis des günstigsten Käfers. Wer keinen Käfer wollte, der bekam 100 DM in bar.

Nach dem Krieg begann die eigentliche Erfolgsgeschichte des Käfers. In Wolfsburg lebten damals 17 000 Menschen. Das nach Bombenangriffen beschädigte Werk wurde weitestgehend wieder aufgebaut. Die Produktion des Käfers lief 1948 wieder an, und schon 1955 kam der millionste Käfer aus den Werkhallen. Der Käfer symbolisierte wie kaum ein anderes Produkt aus dem aufstrebenden Westdeutschland das Wirtschaftswunder. Er wurde in den folgenden Jahren konsequent weiterentwickelt und verbessert. Bei Karmann in Osnabrück wurde das Käfer-Cabrio gebaut – der »Karmann-Ghia« ist heute noch ein Kultcoupé, geschlossen oder als Cabrio. Kein Auto ist so oft von den Besitzern umgebaut, ausgebaut oder verändert worden wie der VW-Käfer. Es gab ihn als Strandbuggy, als Zugpferd für Wohnwagen und als Postauto, Polizeiwagen und Feuerwehreinsatzfahrzeug. Vor allem aber war der VW Käfer ein Auto, das sich beinahe jeder leisten konnte. Es gab ihn als Sondermodell »Weltmeister 1954«, »Gelb-Schwarzer Renner«, »City«, »Jeans 1974«, »BIG«, »World Cup ’74«, »Triple White«, »Champagner Edition«, »Silver Bug«, »Jeans 1982«, »Sunny Bug«, »Firebeetle 1994« und vieles mehr.

Der Käfer wurde nicht nur in Deutschland gebaut. Fabriken gab es an insgesamt neunzehn Standorten, unter anderem in Australien, Belgien, Jugoslawien, Costa Rica, Irland, Mexiko, Neuseeland, Südafrika oder Brasilien. Am 1. Juli 1974 lief der letzte Käfer in Wolfsburg vom Band, bis zum 19. Januar 1978 wurde er noch in Emden produziert. Die Produktion in Südamerika wurde Mitte der 1980er Jahre endgültig eingestellt. 1993 wurde der Käfer wieder aufgelegt, und es konnten noch einmal 46 000 Brasilien-Käfer hergestellt werden. Seit 1998 wird in Mexiko der New Beetle produziert, der sich an die Form des alten Käfers anlehnt.

Zum Schluss noch etwas zum Namen. Er soll nicht in Deutschland entstanden sein. Offenbar hat ihn ein Redakteur der US-amerikanischen New York Times zum ersten Mal in einem Artikel vom 3. Juli 1938 verwendet. Er hatte sich vorgestellt, wie das Auto zu Abertausenden über die neuen Autobahnen in Deutschland krabbeln würde. Von oben betrachtet, würden sie mit ihren glänzenden Dächern wie kleine Käfer aussehen. In Deutschland bekam der Käfer außerdem den Namen »Buckel-Porsche«, in England heißt er »Beetle«, in den USA »Bug«, in Frankreich »Cox«, in Italien »Maggiolino«, in Polen »Skarbus«, in Kroatien »Buba«, in Bolivien »Peta« und in Spanien »Escarbajo«. In Mexico wird er »Vocho« genannt.

Also, nicht nur das Auto kommt nicht aus Niedersachsen, sondern auch der Name. Trotzdem, der Käfer ist heute eines der Markenzeichen für Niedersachsen. Und die gesamte Bandbreite des Käfers kann sich der Liebhaber in der Autostadt in Wolfsburg ansehen.

Griffith Borgeson, Terry Shuler, Jerry Sloninger, Volkswagen Käfer, München 1986; Heinz-Rüdiger Etzold, Der Käfer. Eine Dokumen-

tation, Stuttgart 1989; Ulrich von Pidoll, Ein Auto schreibt Geschichte, Hamburg 1994; Patrick Lesueur, Mythos Käfer, Königswinter 2001

Kanarienvogelmuseum → Harzer Roller

Klitzing, Klaus von → Nobelpreisträger

Klootschießen

Klootschießen ist eine alte niedersächsische Sportart

Wer in den späten und kalten Herbsttagen oder im ebenso kalten Frühjahr durch die Landstriche Oldenburg, Ostfriesland oder Friesland fährt, der kann ab und zu ein besonderes Naturschaupiel beobachten. Auf einsamen Wiesen, manchmal noch leicht im Nebel versunken, sieht der Betrachter auf dem Feld eine Rampe stehen. Wären es zwei, könnte man denken, dass auf der Wiese ein Traktor repariert werden soll. Und plötzlich kommt irgendwoher aus dem grauen Nichts ein menschliches Wesen in sportlicher Kleidung angerannt. Es läuft, mit einem Arm wild kreisend, auf die Rampe zu. In dem Moment, in dem das Wesen seine Höchstgeschwindigkeit erreicht hat, dreht es sich ein und schleudert beim Verlassen der Rampe einen nicht zu identifizierenden Gegenstand mit voller Wucht in den Himmel über Norddeutschland. Dann ist er vollbracht, der Wurf, der vielleicht die Meisterschaft bringen kann und mit ein wenig Pech den Beobachter trifft, weil der sich nicht früh genug zu erkennen gegeben hat.

Sie merken schon, da schwingt zweierlei mit. Einmal eine enorme Kraftanstrengung, gepaart mit dem Willen zum Sieg. Und zum andern eine martialische Art der Waffenführung, mit dem Ziel, seinen Gegner auszuschalten. Biss und Disziplin sind wichtig beim Klootschießen, einer der ältesten »Sportarten« der Friesen.

Der Begriff »Kloot« ist im gesamten Sprachraum der alten Germanen zu finden und weist auf einen kugelförmigen, kloß- oder klumpenartigen Gegenstand hin. Seine Geburtsstunde könnte schon bis zu 2000 Jahre zurückliegen. Damals entstanden die ersten Warften, also höher gelegene Wohnhügel, die gegen das Wasser aufgeschüttet wurden. Darauf bauten die Friesen ihre Häuser. Der Spieltrieb der Menschen soll dazu geführt haben, dass man aus Langeweile oder damaligem Sportsgeist »Kloote« hergestellt hat, aus Lehm oder einem Klumpen Kleierde. Die wurden dann so weit und so genau geschleudert wie möglich.

Irgendwann entdeckten die Friesen deren Nützlichkeit auch bei der Verteidigung ihrer Heimatlande. Sie hatten durch die Wurftechnik eine echte Waffe entwickelt, die sie ihren Feinden entgegenschleudern konnten. Dabei sollen sie so treffsicher gewesen sein, dass es sich die Angreifer zweimal überlegten, in die Reichweite der Geschosse zu kommen. Die Kugeln aus Klei waren allerdings beinahe schon die einzige Alternative. Pfeil und Bogen kannten die Friesen nicht, wohl auch wegen des Mangels an gutem Material. Der Boden war damals sehr salzhaltig, deshalb gab es kaum Bäume und Sträucher. Aber Marschboden, der von Natur aus klebrig und damit auch sehr bindend ist, war reichlich vorhanden. Daraus konnten die für Feinde »fiesen Friesen« ihre Wurfgeschosse formen.

Auch der römische Kriegsberichterstatter und Geschichtsschreiber Tacitus weiß zu berichten, dass die römischen Legionäre, die sowieso nicht mit großem Enthusiasmus in das morastige Nordgermanien zogen, von den Kloot werfenden Küstenbewohnern angegriffen wurden.

Es gibt allerdings noch eine zweite, etwas uncharmantere Theorie, woher der Kloot kommt. Die Friesen sollen an den Kugeln Seile befestigt haben. Damit hätten sie dann am Meer gestanden, um Treibholz an Land zu ziehen. Dagegen spricht allerdings, dass Klootkugeln auch weiter im Binnenland bekannt sind. Und dort auf den Flüssen war nicht viel Treibholz zu holen.

Der Kloot, oder besser die Klootkugel, wird aus Holz hergestellt. Sie muss gut in einer Männerhand liegen und darf nicht zu groß sein. Das Material ist Pockholz, ein sehr hartes Holz. Um auf die Wettkampfgewichte von 250, 375 und 475 Gramm zu kommen, werden in jede Kugel in der Regel sechs verschiedene Bohrungen gebracht. Je nach Klasse werden diese Löcher dann mit flüssigem Blei gefüllt und in kaltem Wasser abgeschreckt. Danach wird der Kloot nachgeschliffen und mit einem Gewichtsstempel versehen. Dann ist das Wurfgerät fertig.

Nicht immer war diese Betätigung der Friesen gern gesehen. Das erste Mal erwähnt wurde das Klootschießen 1510: Ein gewisser Johann von Leer hatte dem Krüger des Emder Gasthauses Seesen eine Kugel an den Kopf geschleudert, aus Versehen selbstverständlich. Die Folge war ein blaues Auge. Damals hatte das Klootschießen den Sinn der Landesverteidigung längst verloren. Der sogenannte »Feldkampf« zwischen Bauernhöfen und Dörfern fiel schon zu damaliger Zeit oft sehr unterhaltsam aus. Es wurde gern gefeiert, gesungen und gelacht. Ab und an kam es wegen gekränkter Ehre oder Streitigkeiten um den Sieg zu handfesten Prügeleien zwischen den Beteiligten. Sogar von einem Todesfall im Jahre 1726 wird berichtet. Ein Hoye Hoyen bekam nach den Aufzeichnungen eine dreipfündige Kugel an den Kopf und erlag den schweren Verletzungen.

Gegen den Friesensport wurde auch von den Kanzeln der Kirchen gepredigt: »Excesse« würden gefeiert. Auch vor dem Spielen auf Kirchhöfen schrecke man nicht zurück. Es sei ein »greuliches Kugelspiel«. Auch staatliche Verbote gab es immer wieder. 1731 erließ Fürst Georg Albrecht eine Verordnung. Gegen das »Saufen, Fressen, Schelten, das greuliche Fluchen, schwere Schlagen und Verwunden«. Außerdem sei ein derartiges Treiben kein gutes Beispiel für die Jugend. Wer die Kugel trotzdem warf, der musste mit einer Strafe von zwanzig Goldgulden rechnen. Wer sich in die Haare bekam, dem drohte sogar der Pranger oder eine sonstige »scharfe, körperliche Züchtigung«. Egal, das alles half nichts, es wurde weiter der Kloot geschossen. Wichtig sind die Weiten. Sie zeichnen den guten Klootschießer aus. Ein Held unter den Klootschießern war Gerd Gerdes. Schon 1935 konnte er das Geschoss knapp über die 100-Meter-Marke schießen. Erst fünfzig Jahre später gelang es, diesen Rekord zu brechen. Zurzeit liegt er bei 106,20 Metern. Aufgestellt 1996 von Stefan Albarus, einem echten Ostfriesen.

Auch eine andere Kugel ist in Ostfriesland immer noch verbreitet: die »Boßelkugel«. Ebenfalls aus Pockholz, hat sie einen Durchmesser von 100, 110 oder 120 Millimetern. Damit sind diese Kugeln größer als die Klootkugeln. Sie werden auch nicht über eine Rampe auf Feldern in die freie Natur geschleudert. »Straßenboßeln« heißt dieser Sport, und er wird sogar in Vereinen betrieben. Es gibt auch Meisterschaften, in verschiedenen Ligen. Dabei wird die Kugel nicht wie beim Klootschießen geschossen, sondern mit viel Geschick über die Straße gerollt. Sie muss möglichst weit kommen. Dort, wo sie die Straße verlässt, muss ein anderes Mannschaftsmitglied weiterspielen. Ein Punkt ist ein »Schöt«. Wer am Ende einer vorher festgelegten Strecke die meisten »Schöts« hat, der hat gewonnen. Für diese Wettkämpfe werden ganze Straßen gesperrt. Oder es wird mit einem ausschließlich im Norden bekannten Verkehrsschild vor den Kugeln gewarnt. »Achtung! Straßenboßeln!« steht drauf, und die Uhrzeit wird noch drunter geklemmt.

Neben dem ernsthaften Sport gibt es auch noch das »Vergnügungsboßeln«. Das kann jeder machen. In der Regel wird es verbunden mit einem Grünkohlessen danach (↑Pinkelfahrt). Dabei wird ein Bollerwagen mit reichlich Schluck und Bier mitgenommen. Das hilft gegen Auskühlung und ist gut für die Stimmung der Truppe. In jedem Fall hat dieses ganze Treiben nicht als Sportart begonnen. Die Urfriesen haben sich mit den Kugeln gegen Feinde verteidigt. Und sie waren lange »freie Friesen«. Zum Sport wurde ihr Kampfmittel erst viel später.

Bernhard Uphoff, Martin Stromann, Helmut Behrends, Freesensport. Klootschießen, Boßeln und Schleuderball, Norden 2004

Knigge

Niedersachsen haben kein Benehmen

Prinz ↑Ernst August von Hannover wurde im Jahr 2000 bezichtigt, bei der Weltausstellung (↑EXPO 2000) an die Rückwand des türkischen Pavillons uriniert zu haben. Es gab Bilder dazu in einer deutschen Boulevardzeitung. Ob dem so war oder nicht: Deshalb darf nicht angenommen werden, dass die Niedersachsen kein Benehmen haben. Dieser fürstliche Fehltritt wäre keine Berechtigung für ein solches Urteil über das Land. Denn Fürsten gibt es in Niedersachsen nur wenige (↑Welfen), Menschen, die sich zu benehmen wissen, umso mehr. Und das ist kein Wunder. Schließlich wurde die »Bibel« des guten Benehmens und des Umgangs miteinander in Niedersachsen geschrieben. Nicht von einem Fürsten, sondern von einem Freiherrn.

Das Buch ist unter dem kurzen Namen »Knigge« bekannt. Das hat nichts mit »kniggerich« zu tun. Adolph Freiherr von Knigge wurde auf Gut Bredenbeck am Deister geboren. Tatsächlich geht es beim Herrn Knigge nur um ein einziges Buch. Auch wenn heute für fast jede Lebenslage ein »Knigge« herangezogen wird: Es gibt einen »Knigge« für Beamte, für Hausfrauen, für Männer, für Verliebte, für Handwerker oder für »Kids«. Es gibt auch einen China-Knigge, einen Hunde-Knigge, einen E-Mail-Knigge oder jetzt auch einen Klima-Knigge. Regeln, die eine Gruppe oder ein Ereignis betreffen, werden einfach »Knigge« genannt. Das hätte sich der Freiherr sicher nicht träumen lassen. Sein »Knigge« hieß auch nicht »Knigge«, sondern trug den Titel »Über den Umgang mit Menschen«. Und deshalb haben die neumodischen Knigges auch sehr wenig mit dem Original zu tun. Knigge ging es nämlich nicht um das gute Benehmen, wie häufig angenommen wird. Also nicht darum, wie man am Tisch sitzt, wie man die Gabel hält oder ob man bei einem Handkuss die Hand wirklich küssen darf. Es sollte eine Anleitung zur Selbsterziehung und zum gegenseitigen menschlichen Verständnis sein.

Knigge wurde 1752 geboren und lebte in seiner Jugend lange in Hannover. Das väterliche Gut war wegen hoher Schulden unter Zwangsverwaltung gestellt worden. Er studierte in Göttingen (↑Gänseliesel), Jura war sein Fachgebiet. Später arbeitete er unter anderem in Hessen, Sachsen und in der Pfalz. 1787 kam er nach Hannover zurück. Sein Vater war gestorben, und Knigge wollte die Besitzverhältnisse auf Gut Bredenbeck neu regeln. 1790 bekam er eine Stelle als »Oberhauptmann« in Bremen. Dort war er für die Verwaltung der kurhannoverschen Besitztümer zuständig, die auf dem Gebiet der Hansestadt lagen. Bis zu seinem Tod im Jahr 1796 blieb er der Hansestadt treu. Seinen »Knigge« ließ er während seiner Zeit in Hannover, Anfang 1788, bei der Schmidtschen Buchhandlung erscheinen. Darin wollte er den Lesern vor allem beibringen, »sich bemerken, geltend, geachtet zu machen, ohne beneidet zu werden; sich nach den Temperaturen, Einsichten und Neigungen der Menschen zu richten, ohne falsch zu sein; sich ungezwungen in den Ton der Gesellschaft stimmen zu können, ohne (...) sich zu niedriger Schmeichelei herabzulassen«. Dazu war seiner Ansicht nach wesentlich mehr nötig als die Beherrschung von Anstandsregeln. Diese Grundlagen setzte er in seinem Buch schon voraus. Er war der Meinung, dass bereits die Eltern ihren Kindern beizubringen hätten, dem Gegenüber in einem Gespräch in die Augen zu sehen. Oder dass man beim Essen nicht krumm sitzt, Geräusche und wilde Gebärden macht. Auch sei es schlecht, während einer Predigt einzuschlafen oder während eines Konzertes zu schwatzen. Eine Reihe dieser Art von Regeln führte Knigge auf den ersten Seiten seines Buches auf. Erst nach seinem Tod wurde genau dieser Teil des Buchs von den Herausgebern hervorgehoben.

Der »Knigge« wurde ein Riesenerfolg. Fünf Auflagen in acht Jahren kamen auf den Markt. Da gab es natürlich viele Neider. Elf nicht autorisierte Ausgaben – heute nennt man so etwas »Raubkopien« – erschienen, als Knigge noch lebte. Nach seinem Tod gab es kein Halten mehr. Jeder glaubte, mit den vorhandenen Büchern tun und lassen zu können, was er wollte. Ein Mann namens F. P. Willemsen machte das zu einem regelrechten Sport. Er ließ immer wieder neue »durchgesehene und vermehrte« Auflagen erscheinen. Im Jahr 1824 fügte er sogar ein ganz neues Kapitel hinzu. Der Titel lautete »Weltton und Weltsitte, ein Ratgeber für junge Männer und Jünglinge bei ihrem Eintritte in die große Welt«. Das war dann wirklich nur noch ein Katalog für Benimmregeln. Mit dem Gedankengebäude von Knigge hatte das nichts mehr zu tun. Die Verleger glaubten damals offenbar, dass sich ein reiner Ratgeber besser verkaufen würde als ein philosophisches Werk.

Und wenn man sich heute die Flut von »Knigges« ansieht, dann scheint es immer noch so zu sein. Knigge ging es nicht darum, ob man Fisch mit dem Messer essen darf oder ob nach 18 Uhr braune oder schwarze Schuhe die richtige Wahl sind. Er wollte die Herzen seiner Leser bilden. So ist sein Original (!)-Werk heute noch ganz aktuell. Mode und gesellschaftliche Konventionen haben sich in den vergangenen zweihundert Jahren dagegen absolut verändert. »Strebe nach Vollkommenheit, aber nicht dem Scheine der Vollkommenheit und Ohnfehlbarkeit. – Schreibe nicht auf Deine Rechnung das, wovon Anderen der Verdienst gebührt! – Sei strenge, pünktlich, ordentlich, arbeitsam, fleißig in deinem Berufe. – Interessiere dich für andere, wenn du willst, dass andere sich für dich interessieren. – Halte dich über niemands Gestalt, Wuchs und Bildung auf! Es steht in keines Menschen Gewalt, diese zu ändern! – Suche keinen Menschen, auch den Schwächsten nicht, in Gesellschaft lächerlich zu machen. Ist er dumm, so hast du wenig Ehre von dem Witze, den du an ihn verschwendest; ist er es weniger als Du glaubst, so kannst Du vielleicht der Gegenstand seines Spottes werden.«

Dass man nicht an Hauswände urinieren soll, schon gar nicht in Gegenwart anderer Menschen, darüber hat Knigge nichts geschrieben. Das sollte sich allerdings ganz von selbst verstehen – nicht nur in Niedersachsen.

Ingo Hermann, Knigge. Die Biographie, Berlin 2007; Heiko Postma, »Sei, was du bist, immer und ganz«, Hannover 2009

Koch, Robert → Nobelpreisträger

Kohlkönig → Palmen

Krebs, Hans Adolf → Nobelpreisträger

Künstlerkolonie Worpswede → Teufelsmoor

Kussprozess → Gänseliesel

Leibniz, Gottfried Wilhelm

Alle Niedersachsen können gut rechnen

Das Land Niedersachsen schmückt sich gern mit dem Universalgenie Gottfried Wilhelm Leibniz. Leibniz wurde zwar 1646 in Leipzig geboren, mehr als die Hälfte seines produktiven Lebens hat er allerdings in Hannover verbracht. Und das mit dem Universalgenie stimmt. Er gilt als einer der letzten Menschen, die sich in vielen Bereichen sehr gut auskannten. Er war Philosoph, Rechtsgelehrter, Sprachforscher, Historiker, Ingenieur, Theologe, Bibliothekar, Mathematiker, Diplomat, Physiker und Chemiker. Um das alles drauf zu haben, müsste man heute nach dem Abitur noch mal hundert Jahre studieren. Leibniz hatte den Vorteil, dass man das damals nicht alles studieren musste und das Wissen in den einzelnen Bereichen noch nicht so umfangreich war wie heute. Nichtsdestotrotz, das soll die Leistung und das Genie von Leibniz auf keinen Fall schmälern.

Schon der kleine Gottfried Wilhelm war äußerst wissbegierig. Vielleicht ist er damit seinen Lehrern damals ordentlich auf den Senkel gegangen. Sicher ist jedenfalls, dass sie bald keine befriedigenden Antworten mehr für den Schüler fanden. Von Leipzig aus zog es Leibniz zuerst in das Kurfürstentum Mainz. Der dortige Kurfürst schickte den jungen und klugen Leibniz nach Paris und London. Diese Zeit als Diplomat nutzte er, um sich mit den bekannten Geistesgrößen der damaligen Zeit auszutauschen. Die neuesten Errungenschaften der Wissenschaft galten damals noch nicht als Geheimnis. Das, was man wusste, wurde weitergegeben, um selbst weiterzukommen. Ende 1676 ging Leibniz nach Hannover. Herzog Johann Friedrich von Braunschweig-Calenberg hatte den mittlerweile schon bekannten Wissenschaftler abgeworben. Er sollte als Bibliothekar arbeiten und die Geschichte des Welfenhauses (↑Welfen) erforschen und aufschreiben. Dieser Auftrag passte Leibniz gut in den Kram. Denn dadurch konnte er viel reisen, unter anderem nach Süddeutschland, Österreich und Italien. Wieder saugte er viele Informationen auf. Als der Job halb erledigt war, trat er in den Dienst der Herzöge von Braunschweig-Lüneburg. Trotz der Anstellung pflegte er immer den Kontakt zu anderen Herrscherhäusern. Das ermöglichte ihm, Akademien der Wissenschaften in Berlin (1700), Dresden (1704) und Wien (1713) zu gründen. Die ließ er nach englischem bzw. französischem Vorbild gestalten. Möglich war das unter anderem, weil Leibniz schon 1673 in die Royal Society of London aufgenommen worden war. Dort hatte er die erste mechanische Rechenmaschine vorgestellt, ein Vorläufer des heutigen Computers (↑Erfinder). Leibniz war schon damals ein Spitzenmathematiker in Sachen Integral- und Differentialrechnung.

Es wäre doch schön, wenn diese Begabung auf alle Niedersachsen abgefärbt hätte. Das ist leider nicht so. In der PISA-Studie (↑Schiefer Turm) von 2006 haben die niedersächsischen Schüler im Bereich Mathematik schlecht abgeschnitten. Mit 489 Punkten lagen sie nur auf Platz 14 unter den sechzehn deutschen Bundesländern, knapp unter dem OECD-Durchschnitt von 498 Punkten und international abgeschlagen hinter den Spitzenreitern Finnland (548),

Korea (547) und Niederlande (531). Da ist es auch kein Trost, dass in Italien, Griechenland, der Türkei und Mexiko schlechter gerechnet wird als in Niedersachsen.

Es ist allerdings auch etwas unfair, Leibniz als Vorbild zu nehmen. Denn auch Gottfried Wilhelm war nicht überall gleich erfolgreich. Obwohl er enorm viel Geld in die Entwicklung seiner Rechenmaschine steckte, schaffte er es nicht, alle mechanischen Probleme zu lösen. Auch seine Bemühungen, die Bergbaugruben im Harz mit Hilfe von Windmühlen zu entwässern, verliefen im Sand. Er hatte auch die große Fontäne in den Herrenhäuser Gärten von Hannover entworfen. Der Wasserstrahl der Fontäne schoss allerdings nicht annähernd so hoch in den Himmel, wie er es gewollt hatte. Die Geschichte der Welfen verfolgte er gerade mal bis ins Jahr 1005. Trotzdem: Leibniz war ein Getriebener in Sachen Naturwissenschaften. Seine grenzenlose Neugier, sein Ideenreichtum und sein Biss haben zu vielen Erfindungen und Gedanken geführt, auf die viele heute bestehende Lehrmeinungen gründen. Deshalb besteht auch für die Schüler in Niedersachsen noch Hoffnung. Es muss ja nicht gleich die Weltspitze in Sachen Differentialrechnung sein.

Heinrich Schepers, Art. Leibniz, in: Neue Deutsche Biographie, Bd. 14, Berlin 1985; www.focus.de/schule/schule/bildungspolitik/pisa/tid-12583/bundes-laender-im-vergleich-die-pisa-ergebnisse-im-ueberblick_aid_349312.html

Leuchttürme

Es gibt keine Leuchttürme mehr, die noch in Betrieb sind

Leuchttürme sind nach wie vor ein Magnet für viele Besucher der niedersächsischen Küste. Schon von weitem sieht man sie in der flachen Landschaft stehen. Noch vor zwanzig Jahren kam ihnen dabei niemand in die Quere. Das hat sich geändert, seit immer mehr und immer größere Windkraftanlagen gebaut werden. Sie sind mittlerweile die neuen Herrscher über die Höhen. Viele glauben, dass die Leuchttürme im Zeitalter der Satellitentechnik überflüssig geworden sind. Das ist aber nicht so. Es gibt zahlreiche Leuchttürme an der Küste und auf den Inseln, die noch in Betrieb sind. Auch hier hat jedoch das Computerzeitalter seine Spuren hinterlassen. Die Optik wird nicht mehr von einem Leuchtturmwärter in Gang gesetzt und überwacht. Dieser scheinbar so romantische Job wurde wegrationalisiert. Das machen nun Computerprogramme. Nur die Wartung wird noch von Menschenhand geregelt.

Überall dort, wo es für Schiffe auch heute noch gefährlich werden kann, stehen die Riesen. Sie sind massiv aus Stein gebaut oder haben eine Verkleidung aus Stahlplatten. Es gibt auch einige, die einem großen Strommast ähneln. Für die Schifffahrt sind sie Seezeichen, die in Karten aufgeführt werden. Jeder Leuchtturm hat eine besondere Kennung, damit er von den Navigationsoffizieren eindeutig identifiziert werden kann.

Die Geschichte der Leuchttürme lässt sich nicht genau nachvollziehen. Es ist anzunehmen, dass schon in der Antike am Mittelmeer Leuchtfeuer benutzt wurden. Der Seehandel war damals unter den Ländern sehr rege. Und nicht immer ist das Mittelmeer ruhig, auch wenn man das als Tourist glauben könnte. Über zwei antike Leuchttürme weiß man allerdings mehr. Der eine ist sogar eines der sieben antiken Weltwunder: der Koloss von Rhodos. Der andere ist der »Pharos« von Alexandria in Ägypten. Der Turm von Alexandria stand sehr lange an seinem Platz. Ungefähr 300 v. Chr. gebaut, stürzte er bei einem Erdbeben im Jahr 1303 ein und wurde nicht wieder errichtet.

An die norddeutschen Küsten kamen die Leuchttürme mit der Entstehung der ↑Hanse. Die ersten standen im 13. Jahrhundert schon in Lübeck und Wismar. Erst 1625 bekam Wangerooge seinen ersten Leuchtturm (↑Ostfriesische Inseln). Bis dahin hatten die Inselbewohner oft Schiffe mit falschen Leuchtfeuern in die Irre geführt. Sie strandeten und wurden von den Inselbewohnern ausgeraubt.

Die Qualität der Leuchtfeuer war allerdings noch weit entfernt vom heutigen Niveau. 1782 kam die Hohldochtlampe auf und später die von dem Franzosen Augustin Jean Fresnel entwickelte »Fresnellinse«. Sie bündelte das erste Mal Licht. Damit bekamen die Leuchtfeuer eine größere Reichweite und konnten schon kilometerweit von See aus gesehen werden.

Die Höhe der Türme spielt dabei eine Rolle. Der höchste Leuchtturm an der Nordseeküste ist der Gitterturm von Campen an der Emsmündung. Er ragt fünfundsechzig Meter in die klare Nordseeluft. Höhe ist allerdings nicht immer alles. Dort, wo es oft zu Nebelbildung in höheren Luftschichten kommt, sind Leuchttürme auch schon verkleinert worden, um die Leuchtwirkung zu erhalten. Beeindruckende Leuchttürme stehen heute noch auf Borkum, auf Norderney, auf Memmert und auf Wangerooge. Auf Wangerooge gibt es, wie auf Borkum, einen alten und einen neuen Turm. Die alten Türme sind heute nicht mehr in Betrieb, sie dienen als Touristenattraktion. Von dort aus hat der Inselbesucher einen tollen Rundumblick, und Heiratswillige können dort sogar den Bund der Ehe in luftiger Höhe schließen.

Einer der berühmtesten Leuchttürme der Welt ist der Leuchtturm »Roter Sand«. 1885 gebaut, trotzt er seitdem den Meeresgewalten in der Außenweser. Auch er ist nicht mehr in Betrieb und dient ausschließlich als Tagessichtmarke. Der »Rote Sand« war das erste von Menschen auf dem Meeresgrund errichtete Bauwerk.

Ein Leuchtturm mit Filmgeschichte ist der Leuchtturm von Pilsum in der Krummhörn bei Greetsiel. Er ist nicht mehr in Betrieb, recht klein und gelb-rot geringelt. Hier hat Otto Waalkes einen Teil seines Kinofilms »Otto der Außerfriesische« gedreht. Also, selbst wenn Türme nicht mehr als Leuchtzeichen gebraucht werden, die Küstenbewohner sind sehr erfinderisch, wenn es darum geht, aus den Türmen noch etwas zu machen.

Jürgen Voss, Lichter am Horizont – Leuchttürme zwischen Tag und Nacht, Bielefeld 2003

Löns, Hermann

Hermann Löns war ein bekannter niedersächsischer Feuerwehrhauptmann

»Hermann Löns, die Heide brennt, es brennt die Heide, Hermann Löns, Hermann Löns, die Heide brennt, Hermann Löööns, die Heide brennt! Hermann Löns, die Heide, Heide brennt, Heide, Heide brennt, Heide, Heide brennt!« So klingt es regelmäßig aus Tausenden von Männerkehlen bei Hunderten von Feuerwehr- oder Schützenfesten (↑Schützenvereine) in ganz Niedersachsen. Was sich im ersten Moment nach einem Notruf bei einem Flächenbrand in der ↑Lüneburger Heide anhört, ist eine Hommage an einen der bekanntesten niedersächsischen Dichter: Hermann Löns.

Dabei war Hermann Löns kein gebürtiger Niedersachse. Im Jahr 1866 wurde er im westpreußischen Bromberg geboren. Er hatte dreizehn Geschwister, die alle nach ihm zur Welt kamen. Das bedeutet, Klein Hermann musste früh auf seine vielen Geschwister aufpassen. Sein Vater war nach Deutsch Krone in Preußen versetzt worden, als Hermann ein Jahr alt war. Damals war Deutsch Krone ein eigener Landkreis an der »Tucheler Heide«. Dort kam Hermann Löns auch zur Schule und besuchte das Gymnasium. Vielleicht wurde ihm hier schon das Heide-Gen eingepflanzt, das ihn später so berühmt machte.

1884 ging es für die Familie zurück nach Westfalen, wo Mutter und Vater Löns herkamen. Hermann machte am Paulinum in Münster das Abitur. In Greifswald fing er dann mit dem Medizinstudium an. Über den Umweg Göttingen kam er später nach Münster zurück. Schließlich verschlug es ihn nach Hannover. Er heiratete die Tochter eines bekannten Malers, hatte mit ihr einen Sohn, verliebte sich jedoch in die zwanzig Jahre jüngere Nichte seiner Frau. Die ging auf seinen Vorschlag einer Beziehung zu dritt nicht ein und verließ ihn. Weil Löns seinen Alimentenzahlungen nicht nachkommen wollte, büxte er aus und begann eine Odyssee quer durch Europa: Berlin, Davos, Innsbruck, Wien, Zürich, um nur einige Städte zu nennen. Nach naturverbundener Heideromantik hört sich das nicht gerade an.

Trotz dieser Beziehungswirren schaffte es Löns, als Journalist zu arbeiten. Mit Ruhm hat er sich anfangs allerdings nicht bekleckert. Vielmehr wurde er wegen Unpünktlichkeit und übermäßigem Alkoholkonsum entlassen. Dabei war er kein unbegabter Journalist. In Hannover schaffte er es sogar vom freien Mitarbeiter zum Chefredakteur. Er musste sich allerdings oft überwinden, denn die Arbeit diente dem Gelderdienen. Seine Leidenschaft dagegen war das Schreiben von Gedichten und Büchern. Er genoss in den »besseren Kreisen« ein gewisses Ansehen, war allerdings auch als »Dandy« etwas verschrien. Er trug extravagante weiße Anzüge. In diesen Jahren besuchte er regelmäßig die ↑Lüneburger Heide. Etwa um 1900 begann er Gedichte zu schreiben, die sich mit dem Leben und der Natur der Heide beschäftigten. Sehr bekannt sind heute noch »Mein grünes Buch« aus dem Jahr 1901, »Mein braunes Buch« mit Erzählungen aus der Heide aus dem Jahr 1907 oder »Dahinten in der Heide« von 1909. Im gleichen Jahr erschien auch das Tierbuch »Mümmelmann«. Einige seiner Beschreibungen und Bücher dienten auch als

Grundlage für Heimatfilme vor und nach dem Zweiten Weltkrieg.

Für seine Beobachtungen des Lebens in der Heide zog er sich wochenlang in Jagdhütten zurück. Seine Prosa ist von diesen Eindrücken sehr geprägt. Er sah sich die Natur allerdings nicht nur an. Er strich auch als Jäger durch die Wälder, Heidelandschaften und Moore. Löns setzte sich 1911 außerdem für die Gründung des ersten deutschen Naturparks in der Lüneburger Heide ein. Er war quasi einer der ersten Umweltschützer, die es im damaligen Deutschen Reich gab.

Wieder zurück zu seiner beruflichen Laufbahn. Wenn er nicht gerade in der Heide war, wechselte er die Redaktionen. Nachdem er in Hannover für die Hannoversche Allgemeine Zeitung tätig gewesen war, zog es ihn nach Bückeburg, wo er Chefredakteur der »Schaumburg-Lippischen Landeszeitung« wurde. Schon damals empfand er die Großstadt Hannover als zu hektisch. Doch für die gesitteten und höfischen Bückeburger war Löns, trotz seiner Heideambitionen, zu kritisch. Und so kehrte er 1909 nach nur drei Jahren in Bückeburg wieder nach Hannover zurück.

Als Patriot meldete sich Hermann Löns schon kurz nach Ausbruch des Ersten Weltkriegs freiwillig an die Front. Als »Ungedienter« gelang es ihm nur durch Beziehungen, eingezogen zu werden. Richtig gesund war er außerdem nicht mehr und mit damals achtundvierzig Jahren auch nicht mehr der Jüngste. Die Militärführung wollte ihn wegen seiner Schreibkünste zum Kriegsberichterstatter machen. Das lehnte er jedoch ab. Löns war gerade mal einen Monat an der Front, als er durch einen Herz- oder Kopfschuss fiel.

Auch nach seinem Tod sorgte Hermann Löns noch für Aufregung um seine Person. Weil man die Leiche während der Kriegswirren in einem Granattrichter in Frankreich beigesetzt hatte, war es später schwierig, die genaue Stelle wiederzufinden. Auch die Erkennungsmarke gab keinen eindeutigen Nachweis. Auf Anordnung Hitlers wurden die Gebeine exhumiert und nach Deutschland gebracht. Nachdem sich aber aus verschiedenen Gründen keine Begräbnisstätte finden ließ, wurden sogar NS-Größen wie Göring, Hess und Goebbels eingeschaltet. Der Sarg wurde 1934 dann offenbar von SA-Angehörigen entführt und an einer Wacholder-Gruppe bei Barrl beigesetzt. Die Reichswehr grub ihn ein Jahr später wieder aus und setzte ihn am 2. August 1935 bei Walsrode bei. Dieses Datum wählte man, weil am 2. August der Erste Weltkrieg ausgebrochen war. Bis heute ist nicht klar, ob es sich bei den sterblichen Überresten eindeutig um die des Heidedichters Hermann Löns handelt. Der Mythos Hermann Löns ist allerdings nach wie vor auf vielen Volksfesten in Niedersachsen nicht zu überhören. Und wenn die »Heide brennt«, wird sie recht zügig mit einer ordentlichen Lage ↑Bier gelöscht.

Martin Anger, Hermann Löns. Schicksal und Werk aus heutiger Sicht, Braunschweig 1986; Thomas Dupke, Hermann Löns. Mythos und Wirklichkeit, Hildesheim 1994

Lüneburger Heide

Die Lüneburger Heide ist eine Heidelandschaft

Niedersachsen hat keinen Wald. Das stimmt nicht. Niedersachsen hat viel Wald. Das stimmt auch nicht. Niedersachsen liegt beim Wald irgendwo dazwischen. Das stimmt. Es ist zwar eines der waldärmsten Bundesländer, hat aber immerhin mehr Wald als Griechenland, auch wenn man manchmal anderes hört. Ein paar Zahlen zum Vergleich: 1,16 Millionen Hektar Wald gibt es in Niedersachsen, das sind 24,3 Prozent der Landesfläche. Das hört sich nach viel an. Der Schnitt in der Bundesrepublik liegt aber bei stolzen einunddreißig Prozent. Dann ist es schon wieder wenig, was Niedersachsen zu bieten hat. In Griechenland sind es allerdings gerade mal neunzehn Prozent Wald. Das kann Niedersachsen nur an einigen Stellen unterbieten: In den Landkreisen Leer und Wesermarsch zum Beispiel ist die Waldfläche geringer. Nur die Insel Kreta steht einsam an der Spitze. Sie ist gerade mal zu drei Prozent mit Wald bedeckt, oder besser behaucht.

Die Waldflächen in Niedersachsen sind komplett unterschiedlich verteilt. Besonders viel Wald gibt es im Süden und im Osten des Landes. Vor allem der Harz und die Göhrde liegen weit über dem Bundesdurchschnitt. Die Küstenregionen im Nordwesten sind dagegen sehr waldarm. Deshalb heißt es von Ostfriesland auch: Da ist es so flach, und da stehen so wenig Bäume, da kann man am Montag schon sehen, wer am Mittwoch zu Besuch kommt. Und warum stehen da so wenig Bäume? Ist klar, der Mensch ist dran schuld. Schon im Mittelalter haben die

Niedersachsen angefangen, die Wälder zu roden. Sie wurden gebraucht für Häuser, Ställe, Schiffe und als Brennholz. Nur haben die Menschen wohl vergessen, die abgerodeten Wälder wieder aufzuforsten. Dann kamen noch Notzeiten. Der Erste und der Zweite Weltkrieg, die Nachkriegszeiten, der große Orkan im Jahr 1972 und verheerende Waldbrände. Mehr als die Hälfte des Waldes in Niedersachsen ist deshalb gerade mal vierzig Jahre jung. Besonders fällt auf, dass ausgerechnet der Teil, der wegen seines Namens eigentlich gar nicht bewaldet sein dürfte, zu den waldreichsten Gebieten in Niedersachsen gehört: die Lüneburger Heide. Allein der Naturpark Lüneburger Heide meldet fünfunddreißig Prozent Waldbestand. Für die gesamte Heidefläche geht man nach Schätzungen von bis zu achtundfünfzig Prozent aus. Nicht umsonst heißt es also in dem Lied »Auf der Lüneburger Heide«: »Rote Hirsche woll'n wir jagen, / in dem grünen, grünen Wald.«

Wie kommen jetzt die ganzen Bäume in ein Gebiet, das von Friedrich Engels im 19. Jahrhundert noch als die »norddeutsche Sahara« bezeichnet wurde? Heide bedeutet doch eigentlich Sand und Heidekraut! Das Gesicht der Landschaft zwischen Hamburg und Hannover hat sich ständig gewandelt. Die Lüneburger Saline brauchte früher so viel Holz, dass der Kahlschlag über eine lange Zeit die Heide tatsächlich fast zu einer Wüste machte. Was blieb, war karger Boden, auf dem nur noch sehr genügsame Pflanzen wachsen konnten. Dazu gehörten Wacholder, Besenheide oder Glockenheide, im Volksmund auch »Erika« genannt. Weil die Menschen daran nichts ändern konnten, machten sie aus der Not eine Tugend. Sie entdeckten die

Schafhaltung für sich. Die Heidschnucken grasten die Flächen ab und lieferten im Gegenzug Fleisch, Milch und Wolle. Eine ideale Partnerschaft, die lange hielt. Die Schafhaltung sorgte auch dafür, dass Wald sich nicht wieder richtig durchsetzen konnte. Die Schößlinge wurden gefuttert. Nur der Wacholder hatte eine Chance. (↑Wacholderhain) So entstand das heute noch typische Heidebild.

Im 19. Jahrhundert änderten sich dann die Rahmenbedingungen: Die Heide wurde Opfer der Globalisierung. Die englischen Spinnereien, damals die Hauptabnehmer der Heidewolle, kauften plötzlich mehr Wolle aus Australien. Gleichzeitig sanken die Preise für Fleischimporte nach Deutschland. Die Bauern in der Lüneburger Heide waren nicht mehr konkurrenzfähig. Viele gaben die Schafzucht auf. Im Jahr 1800 gab es in der Lüneburger Heide noch rund eine Million Schafe, um 1900 waren es nur noch 100 000. Das war die Chance für die Pflanzen, die vorher dem Hunger der Schafe zum Opfer gefallen waren. Die Heide verwilderte regelrecht. Auch die Heidefläche wurde immer kleiner. Das lag an der Aufforstung – denn die Holzpreise stiegen – und am Ackerbau, der wegen der Erfindung des Kunstdüngers auch auf dem kargen Heideboden attraktiv wurde. Die »ursprüngliche« Heidelandschaft wurde immer mehr zurückgedrängt. Anfang des 20. Jahrhunderts gründete sich eine Bewegung, die sich für den Erhalt der übriggebliebenen Heideflächen einsetzte. Es war der Beginn der Heideromantik. Hermann ↑Löns schrieb seine berühmten Heidegedichte. Immer mehr Städter entdeckten die Heide als Urlaubsgebiet fürs Wochenende. Löns klagte unter anderem: »Die Stadtmenschen, heidhungrig und heißhungrig nach Blumen und Sonne, kommen angezogen, erfüllen die Stille mit Liedertafelgesang, hinterlassen Papierfetzen und Flaschenscherben und schwärmen von Heidfrieden und Heidpoesie.« Diese Begeisterung hatte aber auch ihr Gutes. Der Egestorfer Pastor Wilhelm Bode legte um 1910 den Grundstock für den Naturschutzpark Lüneburger Heide. Der existiert heute noch und hat eine Fläche von rund 23 400 Hektar. Dieser Park ist nicht mit dem Naturpark Lüneburger Heide zu verwechseln. Der ist noch viel größer, steht gleichzeitig unter ähnlichem Schutz wie der Naturschutzpark.

Die Lüneburger Heide ist ohnehin nicht genau abzugrenzen. Als Urlaubsregionen vermarkten sich unter diesem Namen die Landkreise Celle, Harburg, Lüneburg, Soltau-Fallingbostel und Uelzen. Außerdem noch die Städte Celle und Lüneburg. Egal, ob Naturpark oder Naturschutzpark, man kann davon ausgehen, dass man nicht überall eine typische Heidelandschaft zu sehen bekommt. Oft steht man in der Heide mitten in Sonnenblumenfeldern, Kartoffeläckern oder eben im Wald. Aber das ist ja auch mal ganz schön.

Hans-Christoph Hoffmann, Die Lüneburger Heide, Köln 1996; Goetz Buchholz, Niedersachsen, Hannover 1998; www.ml.niedersachsen.de; www.griechische-botschaft.de; www.naturpark-lueneburger-heide.de

Mann von Neu Versen → Roter Franz

Marienborn → DDR

Meyerhof, Otto → Nobelpreisträger

Miesmuscheln → Ostfriesische Inseln

Milchstraße

Die Milchstraße liegt in den Weiten des Weltalls

»Der Weltraum – unendliche Weiten!« Dieser Spruch steht gleich zu Beginn jeder Folge der amerikanischen Science-Fiction-Serie »Star Trek«! Die ist in Deutschland in den 1970er Jahren unter dem Titel »Raumschiff Enterprise« bekannt geworden. Gemeint waren die unendlichen Weiten der Milchstraße und des Weltalls. Im Landkreis Stade gibt es auch unendliche Weiten. Der Blick auf die See wird oft nur durch die Deiche versperrt. Noch sicherer als die »unendlichen Weiten« gibt es dort allerdings die »unendlichen Weiden«. Ein Ideenwettbewerb ist daran schuld, dass es neben den Weiden jetzt auch die Milchstraße in Niedersachsen gibt. Ein echt gigantisches Unterfangen, wenn man daran denkt, eine Galaxie mit Milliarden Sternen auf so kleinem Raum unterzubringen. Dazu braucht man eigentlich mindestens ein Schwarzes Loch.

Der Name »Galaxie« stammt vom griechischen Wort »galaxis« ab und bedeutet, jetzt kommt's, Milch! So einfach ist das manchmal. Wer im Landkreis Stade, und nicht nur dort, in einer klaren Nacht in den Himmel sieht, der kann die Milchstraße mit bloßem Auge erkennen. Sie sieht etwas verschwommen milchig aus. Die Griechen glaubten sogar, dass die Milchstraße die verschüttete Muttermilch der Göttin Hera sei. Herkules soll beim Stillen zu ungestüm gewesen sein.

Die Stader haben sicherlich nicht an die Milch der Hera gedacht, als sie im Jahr 2000 die Milchstraße ins Leben gerufen haben. Sicher allerdings an Milch. Niedersachsen und nicht zuletzt der Landkreis Stade ist ein Milchland. Niedersachsen ist eines der wichtigen Zentren der Milcherzeugung in Deutschland. Nur Bayern hat da mal wieder die Nase vorn (↑Schützenvereine). Aber das auch bloß, weil Bayern einen Hauch größer ist (↑Bundesland) und neben den Städten München, Nürnberg, Ingolstadt und Regensburg fast nur aus Kuhweiden besteht. Egal, wir haben in Niedersachsen rund 776 000 Milchkühe. Und nach eigenen Angaben kann der Landkreis Stade die größte Milchviehdichte in Niedersachsen aufweisen. Da lag die Idee ganz nah, die Touristen mal drauf aufmerksam zu machen und sie in die Geheimnisse glücklicher Kühe und reiner Milch einzuweihen. Der Radwanderer kann dazu die »Milchstraße« abradeln. Dreizehn Milchwirte haben an der Strecke ihre Höfe für interessiertes Publikum geöffnet. Und das lohnt sich. Die Kühe in Niedersachsen sind Weltklasse. Das Landvolk Niedersachsen hat gemessen, dass eine durchschnittliche niedersächsische Kuh im Jahr 2009 beinah 8600 Kilogramm Milch gegeben hat. Der Durchschnitt im ganzen Land, inklusive Bayern, lag bei gerade mal 7989 Kilogramm. Die Europäische Union stinkt dagegen ganz schön ab: 5520 Kilogramm sind da die Norm. Vor Niedersachsen liegen weltweit nur die USA (9330 kg) und Japan (9320 kg). Aber wer weiß, was die denen ins Futter mischen!

Wer also bei seiner Radtour auf der niedersächsischen Milchstraße in die Ställe geht, der sollte genau hinsehen. Vielleicht kommen Sie ja hinter das Geheimnis der starken Euter. Das Auto sollten Sie allerdings zu Hause lassen. Denn die Milchstraße müsste eigentlich Milchradwanderweg heißen. Es gibt vier Routen, die vor allem durch landschaftlich schöne Abschnitte führen. Route 1 ist siebenundfünfzig Kilometer lang. Von Himmelpforten geht es über Burweg, Gräpel, Behrste, Kaken, Oldendorf, Heinbockel und Grefenmoor zurück nach Himmelpforten. Route 2 beginnt in Stade. Dann geht es weiter nach Asselermoor, Aschhorn, Dornbuschermoor, Hüll, Großenwörden, Engelschoff und Groß Sterneberg und von da zurück nach Stade. Diese Route ist nur ein wenig länger als die erste. Route 3 ist sechsundvierzig Kilometer lang und führt von Oberndorf entlang der Oste über Greversdorf nach Osten. Dann nimmt der Radwanderer die Schwebefähre Osten-Hemmoor und fährt zurück nach Oberndorf. Und wer sich nicht ganz so viele Kilometer zutraut, der nimmt die 27-Kilometer-Strecke von Oberndorf-Hasenfleet entlang der Oste und durch die Wingst zurück. Die gesamte Länge des Radwandernetzes beträgt 189 Kilometer. Im Vergleich zur Milchstraße im All ist das allerdings ein Krümelchen.

Die echte Milchstraße hat einen Durchmesser von ungefähr 100 000 Lichtjahren. Da fällt die Wahl für die kleine Schwester in Niedersachsen sicher nicht schwer.

www.niedersaechsische-milchstrasse.de; www.statistik-portal.de; www.agrar-presseportal.de

Moin

Das ostfriesische »Moin!« bedeutet »Guten Morgen!«

»Moin!«, »Moin auch!« oder »Moin, moin!« ruft, spricht, flüstert oder zwinkert der Ostfriese zu jeder Tages- und Nachtzeit. Ja, die Ostfriesen! Dieses immer schon als außergewöhnlich, manchmal verschroben, sehr zurückhaltend oder auch verschlossen geltende Volk im Nordwesten Niedersachsens hat es drauf. Es hat aus ihrem »Moin!« ein Kultwort für ganz Deutschland gemacht.

Dabei denken vor allem Touristen, die über die A 31, den sogenannten »Ostfriesenspieß«, aus den Tiefen des Ruhrgebietes zu den Küstenbewohnern fahren, dass »Moin!« einfach nur »Guten Morgen!« bedeutet. Das aber kann man so nicht sagen: »Moin« kann sicherlich morgens den Morgen mit einem guten Wunsch begleiten. Der gute Wunsch gilt allerdings genauso für den Vormittag, den 11-Uhr-Tee, den Mittag, den Nachmittag, den frühen Abend, den späten Abend oder die ganze Nacht. »Moin!« gilt immer. Punkt.

Der Vorteil: Mit einem »Moin!« kann niemand etwas falsch machen. »Moin!« ist ein universeller Gruß, eine Vereinfachung der zahlreichen im Rest der Republik verbreiteten Grußarten, die sich in der Regel an bestimmten Tageszeiten, Orten, Gelegenheiten, Personengruppen oder anderen Umständen orientieren.

Woher kommt das »Moin!«? »Moin!« könnte man übersetzten mit »Einen Guten!«, »Einen moien!«. Aber einen guten was? Es bleibt der Fantasie des Angesprochenen überlassen, sich das auszumalen. »Moin!« könnte auch so etwas wie »Hallo!« bedeuten, ähnlich dem italienischen »Ciao!«, oder auch »Wie geht's?« oder »Wie isses?« oder »Was macht das Leben?«. Jetzt wird auch klar, warum »Moin!« zu jeder Tages- und Nachtzeit passt. Andere Denker halten das »Moin!« für eine Folge der jüngeren ostfriesischen Geschichte. Ihrer Ansicht nach stammt der Gruß aus der Zeit der preußischen Herrschaft über die Region und ist eine Kurzform des preußischen »Morjen!«. Das ist ein klarer Fall. »Morjen!« bedeutet tatsächlich »Guten Morgen!«. Gegen diese Theorie spricht allerdings, dass das »Moin!« bis in die 1970er Jahre hinein fast ausschließlich in Ostfriesland, dem Emsland, Hamburg, dem Oldenburgischen und in Nordfriesland gebräuchlich war. Da auch andere Teile Deutschlands unter preußischer Verwaltung standen und sich das »Moin!« dort nicht durchsetzen konnte, ist anzunehmen, dass es nicht preußischen Ursprungs ist. Das finden die Ostfriesen sowieso besser!

Die Reaktion auf ein fröhlich in die Runde gerufenes »Moin!« ist oft verständnisloses Achselzucken. Der nicht informierte Tourist antwortet auf den Gruß eines Einheimischen meist spontan mit »Guten Morgen!«. Die Wahrscheinlichkeit eines Treffers ist dabei nur morgens groß. Spielt sich der Dialog dagegen am Nachmittag ab, folgt in der Regel ein verwirrter Blick auf die Armbanduhr. Dann schüttelt der Tourist wahrscheinlich den Kopf und kommt für sich zu dem Ergebnis: Die sind durcheinander, die Ostfriesen!

Wer sich aus Ostfriesland über die nahe Grenze in die Niederlande bewegt, der wird auf ein dem »Moin!« verwandtes Wort stoßen. »Moi!« bedeutet im Nachbarland »Schön!«. Das würde dann wieder die Herleitung von »Einen Guten!« bzw. »Einen Schönen!« unterstützen. Eine neue Form des »Moin!« setzt sich mittlerweile vor allem bei Jugendlichen und jungen Erwachsenen durch: »Moinsen!« Das hört sich frisch und fröhlich an. Es gibt Vermutungen, dass es sich um eine Form der Verniedlichung handeln könnte. Vielleicht entstand das Wort auch im Umfeld der norddeutschen Hip-Hop-Szene. »Moinsen!« wird oft von einer Person benutzt, die zu einer Gruppe hinzustößt.

Auch die Häufigkeit und die Aussprache eines »Moin!« hat unterschiedliche Bedeutungen. Üblich ist ein kurzes und prägnantes »Moin!«. Wer darauf mit einem »Moin, moin!« antwortet, kann leicht in den Verdacht geraten, ein »Schnacker«, also ein Plappermaul oder Schwätzer zu sein. Ein kurzes »Moin!« als Antwort ist deshalb immer die sicherere Variante und keinesfalls unhöflich. Das »Moin!« gibt es selbstverständlich in allen Schattierungen: Fröhlich, gereizt, sauer, aufmunternd, banal, entzückt oder auch aufmüpfig. Also egal, wer Ihnen ein »Moin!« entgegenbringt, achten Sie auch auf den Unterton und die dazugehörige

Gestik. Nur dann können Sie sicher sein, in welcher Art und Weise Sie auf dieses »Moin!« reagieren sollten.

Hamburger Abendblatt, 11.7.2009, Duden, Band 1, Die deutsche Rechtschreibung, www.uni-protokolle.de

Morgen kommt der Weihnachtsmann

→ Nationalhymne

Münchhausen, Freiherr von

Der »Lügenbaron« aus Bodenwerder hat ständig Märchen erzählt

Der Mann ritt auf einer Kanonenkugel, um feindliche Stellungen auszuspähen. Er hat sich zusammen mit seinem Pferd aus dem Sumpf gezogen. Jeder Niedersachse kennt diese Geschichten. Mit diesen und anderen Erzählungen hat der Baron Münchhausen zu seinen Lebzeiten seine Zuhörer zum Narren gehalten. Das ist jedenfalls die Meinung der meisten, die seine Geschichten lesen. Ähnlich wie der vermeintliche Kurpfuscher Doktor Eisenbarth (↑Eisenbarth) ist aber auch Hieronymus Carl Friedrich Freiherr von Münchhausen ein Opfer der Fantasie späterer Schriftsteller geworden.

Münchhausen stammte aus einem niedersächsischen Adelsgeschlecht (↑Adel), das ursprünglich in dem Dorf Monichusen bei Loccum ansässig war. Später breitete sich die Familie im mittleren Weserraum aus. Wie viele andere Familienmitglieder verdingte sich der 1720 in Bodenwerder geborene Hieronymus an einem Fürstenhof. Schon mit dreizehn Jahren trat er in den Dienst von Prinz Anton Ulrich von Braunschweig ein. Mit ihm zog er später nach Russland und stellte sich dabei so gut an, dass er es zu großen militärischen Ehren brachte. 1752 kehrte er nach Deutschland zurück. Bis zu seinem Tod 1797 lebte er auf seinem Gut bei Bodenwerder. Weil es aus seiner Zeit in Russland keine schriftlichen Quellen gibt, ranken sich darum viele Mythen. Als er noch lebte, galt Münchhausen als ein großer Erzähler. Wer bei ihm zu Gast war, dem wurde nicht langweilig, denn er erzählte die unglaublichsten Geschichten. Die hat aber niemand aufgeschrieben, und deshalb weiß auch niemand mehr, worum es in ihnen wirklich ging.

Die Münchhausen-Geschichten, die heute in Büchern stehen und die immer noch gelesen und vorgelesen werden, stammen aus einer anderen Feder. Gedruckt erschienen erstmals 1781 und 1783 insgesamt sechzehn »M-h-s-nsche Geschichten« in einem Sammelband »für lustige Leute« und dann 1785 in England »Baron Munchhausen's Narrative of his Marvellous Travels and Campaigns in Russia«. In diesen Texten finden sich viele bekannte Elemente aus Volkserzählungen, literarischen

Traditionen und anderen Büchern. Es ist zu bezweifeln, dass darin überhaupt etwas steckt, was Münchhausen auch nur ansatzweise selbst erlebt oder erzählt haben könnte. Bei dem Autor handelt es sich um den aus Hannover stammenden Gelehrten Rudolf Erich Raspe. Der hatte bis 1775 als Museumsdirektor in Kassel gearbeitet. Als er beim Diebstahl antiker Münzen erwischt wurde, musste er fluchtartig das Land verlassen. In England hielt er sich dann mit Übersetzungen und eigenen Geschichten mehr schlecht als recht über Wasser. Mit seinen Erzählungen über den Baron aus dem Weserbergland traf er dann aber den Geschmack der Zeit. Das Publikum verliebte sich in Münchhausen. Schon ein Jahr nach der englischen Ausgabe wurden die Abenteuer vom Dichter Gottfried August Bürger in Göttingen veröffentlicht. Die Übersetzung trug den Titel »Wunderbare Reisen zu Wasser und zu Lande, Feldzüge und lustige Abentheuer des Freiherrn von Münchhausen«. Und es konnte nicht anders sein, auch die wurde ein Verkaufsschlager.

Der echte Freiherr, der ja zu diesem Zeitpunkt noch lebte, war reichlich empört über diese Bücher. Sie stellten ihn schließlich als lügenhaften Aufschneider dar. Aber er konnte nichts dagegen unternehmen. Also, der Wahrheit zu Liebe muss an dieser Stelle gesagt werden: Hieronymus Carl Friedrich von Münchhausen war nicht der Verfasser der Bücher, die mit seinem Namen in die Welt gebracht wurden. Er wurde quasi von anderen Autoren für ihre Zwecke »gekapert«. Das einzig Wahre an der ganzen Sache ist, dass Münchhausen gern erzählt hat. Ob es in seinen Kamingeschichten tatsächlich einmal um einen Ritt auf der Kanonenkugel und andere »Münchhausiaden« ging, ist unbekannt. Es dürfte genauso unwahrscheinlich sein wie der Inhalt der gedruckten Geschichten. Diejenigen, die davon profitiert haben, sind die Autoren der Münchhausen-Bücher und die Stadt Bodenwerder. Münchhausen sorgt noch heute dafür, dass die Stadt an der Weser gern besucht wird.

Neue Deutsche Biographie, Bd. 18, Berlin 1997

Nationalhymne

Niedersachsen ist nicht typisch Deutsch

Noch typischer deutsch als ↑Niedersachsen kann eigentlich kein Bundesland sein. Immerhin kommt sogar der Dichter der deutschen Nationalhymne von hier. Der hieß Hoffmann von Fallersleben, wobei das »von« nicht den Adelsstand kennzeichnet, sondern vielmehr den Ort der Abstammung: Fallersleben bei Wolfsburg. Sein ursprünglicher Name lautet August Heinrich Hoffmann. Hoffmann war Hochschullehrer für Germanistik. Geboren wurde er 1789 in Fallersleben. Als Dichter, Sammler von alten Schriften und Autor von Kinderliedern machte er sich einen Namen.

Hoffman von Fallersleben wuchs kurz nach der französischen Revolution im Heiligen Römischen Reich Deutscher Nation auf, das in viele kleine, absolutistisch geführte Fürstentümer zersplittert war. Geprägt von den Ideen seiner Zeit, setzte sich H. v. Fallersleben immer für die bürgerlichen Freiheiten ein. Er wollte ein geeintes, deutsches Vaterland. 1816 begann er sein Studium in Göttingen (↑Gänseliesl). Da war er gerade mal sechzehn Jahre alt. Allzu viel Spaß scheint ihm das Studieren allerdings nicht gemacht zu haben, denn er schrieb später, er habe »mit wenig Geld und Lust« das Theologiestudium betrieben. Hoffmann interessierte sich wesentlich mehr für die Antike. Als er während seiner Göttinger Zeit mit Jacob Grimm (↑Göttinger Sieben) zusammentraf, änderte sich das. Denn Grimm fragte ihn, ob ihm sein Vaterland nicht näherliege als die Antike. Dieser Einwand änderte offenbar die Einstellung von Hoffmann. Er wechselte das Fach und entschied sich für ein Studium der deutschen Sprache und Literatur.

1821 zog es ihn zu seinem Bruder nach Berlin. Er wollte Bibliothekar werden. In der Berliner Zeit freundete er sich mit so namhaften Literaten wie Georg Friedrich Hegel, Adalbert von Chamisso oder Ludwig Uhland an. 1835 wurde er ordentlicher Professor. Sein erstes Buch »Die unpolitischen Lieder, Teil 1 und 2« mit insgesamt 290 Gedichten erfreute sich einer großen Nachfrage. Sie waren allerdings nur dem Titel nach »unpolitisch«. In Wirklichkeit richteten sich die Verse gegen Willkür, Kleinstaaterei und Pressezensur. Bei einem Aufenthalt auf der Hochseeinsel Helgoland schrieb er am 26. August 1841 »Das Lied der Deutschen«. Die Melodie stammt aus der früheren Kaiserhymne »Gott erhalte Franz, den Kaiser« von

Joseph Haydn. Als Nationalhymne konnte sich der Text lange nicht durchsetzen. Nach dem verlorenen Zweiten Weltkrieg wurde bei Staatsbesuchen oft die »Ode an die Freude« gespielt. Der erste Bundeskanzler, Konrad Adenauer, musste sogar erleben, dass er in den USA mit dem Gassenhauer »Heidewitzka, Herr Kapitän« empfangen wurde. Erst im Mai 1952 wurde das »Lied der Deutschen« zur Nationalhymne der Bundesrepublik Deutschland erklärt. Das allerdings mit dem Hinweis, dass bei staatlichen Veranstaltungen nur die dritte Strophe gesungen werden soll.

Zurück zu Hoffmann von Fallersleben. Wegen seiner nationalen und gleichzeitig demokratischen Haltung wurde er 1842 vom preußischen Staat fristlos und ohne Pensionsansprüche entlassen. Neben der Professur verlor er auch noch die preußische Staatsbürgerschaft und musste außer Landes gehen. Damals gab es wegen der Kleinstaaterei ausreichend Möglichkeiten, ein Exil innerhalb der Grenzen Deutschlands zu finden. Unter anderem fand Fallersleben Unterschlupf bei einem Bauern in Mecklenburg. Da war er als Kuhhirte gemeldet. Offenbar war es dort so idyllisch, dass bei diesem Aufenthalt seine schönsten Kinderlieder entstanden. »Summ, summ, summ, Bienchen summ herum«, »Alle Vögel sind schon da«, »Ein Männlein steht im Walde« oder »Morgen kommt der Weihnachtsmann« sind nur einige davon.

Dann kam das Revolutionsjahr 1848. Hoffmann brachte es Glück. Aufgrund eines Amnestiegesetzes bekam er ein »Wartegeld« von Preußen ausgezahlt. Seine Professur gab es allerdings nicht zurück. 1849 heiratete der damals

51-Jährige seine erst 18-jährige Nichte Ida vom Berge. Ein gemeinsamer Sohn wurde 1855 geboren; er hatte unter anderem den Komponisten Franz Liszt als Paten. 1860 zog es die Familie nach Corvey, wo Hoffmann Bibliothekar im Schloss wurde. Mit fünfundsiebzig Jahren starb Hoffmann von Fallersleben am 19. Januar 1874. Er wurde auf dem Friedhof der ehemaligen Abteikirche beigesetzt. An der Trauerfeier nahmen mehrere Tausend Gäste teil. Heute erinnert unter anderem ein Hoffmann-von-Fallersleben-Museum auf Schloss Fallersleben in Wolfsburg an den Dichter der deutschen Nationalhymne.

Jürgen Borchert, Hoffmann von Fallersleben. Ein deutsches Dichterschicksal, Berlin 1991; Richard Müller, Die Ahnen des Dichters Hoffmann von Fallersleben und ihre Familien, Fallersleben 1957

Niedersachsen

Niedersachsen sind keine echten Sachsen

Es ist schon eine Frechheit, so etwas zu behaupten. Allerdings klingt die Sprache der Sachsen aus dem heutigen Sachsen schon »ssääääähhhr« gewöhnungsbedürftig, sodass man eigentlich nicht mit ihnen tauschen möchte. Dann doch lieber das einwandfreie ↑Hochdeutsch, wie es in den meisten Teilen Niedersachsens und vor allem rund um die Landeshauptstadt Hannover gesprochen wird.

Niedersachsen, da hört sich das »Nieder« zuerst mal so an, als ob sich die Sachsen hier erniedrigt hätten. Niederträchtig ist, wer das auch noch mit seinen niederen Instinkten unterstützt. Dabei meint dieses »Nieder« nichts anderes als »nach unten«. Klar, oder? Niedersachsen liegt eben nicht irgendwo da oben, in den Bergen, es liegt, außer auf der Landkarte, geografisch »unten«, also näher am Meer. Niederbayern liegt ja auch niedriger als Oberbayern, und der Niederrhein liegt niedriger als der Oberrhein. Aber wo liegt »Obersachsen«? Das gibt es nicht. In dieser Hinsicht ist Niedersachsen quasi ein Juwel, hat ein »Alleinstellungsmerkmal«. Wir müssen uns nicht mit anderen streiten, ob »nieder« oder »ober« schöner, besser, attraktiver ist. Das haben die »Niederlande« mit uns gemeinsam. Da gibt es auch keine »Oberlande«.

Und was hat es dann mit dem Land Sachsen auf sich? Sind die Menschen dort vielleicht doch sächsischer als wir? Auf keinen Fall! Die Niedersachsen sind die einzig legitimen Sachsen. Punkt. Sie sind nämlich die Nachfahren des germanischen Stammes der Altsachsen (↑Widukind). Die heutigen Sachsen, also die, die auf dem Gebiet des aktuellen Bundeslandes Sachsen leben, haben sich in späterer Zeit, trotz fehlender verwandtschaftlicher Beziehungen, den Namen einfach zugelegt. Das kam so: Im Jahr 1180 löste der deutsche Kaiser das Herzogtum Sachsen auf. Damit wollte er das widerspenstige Geschlecht der ↑Welfen entmachten. Das ehemalige Reich Heinrichs des Löwen zerfiel danach in das Herzogtum Westfalen, das Herzogtum Braunschweig-Lüneburg und in das wesentlich kleinere Herzogtum Sachsen. Diese »Restsachsen« wurden weitere einhundert Jahre später dann noch einmal in die Linien Sachsen-Lauenburg und Sachsen-Wittenberg geteilt. Die Herrscher von Sachsen-Wittenberg durften sich dank der »Goldenen Bulle« von 1356 sogar Kurfürsten von Sachsen nennen. Diese Linie starb rund siebzig Jahre später komplett aus. Der Titel und die Ländereien gingen dann an die Markgrafen von Meißen. Weil dieses Land durch den Zuwachs wesentlich größer war als Sachsen-Lauenburg und auch noch den vornehmen Kurfürstentitel erbte, dachte man im Laufe der folgenden Jahrhunderte bei Sachsen immer an Wittenberg-Meißen. Die echten und wahren Sachsen wurden von da an als Niedersachsen bezeichnet.

Ist schon kompliziert, die Geschichte. Da darf man den Überblick nicht verlieren. Die »Möchtegern-Sachsen« wohnen heute noch im Bundesland Sachsen. Worüber man einmal nachdenken könnte, wäre, das jetzige Sachsen in »Obersachsen« umzubenennen. Aus »Niedersachsen« würde dann das wahre »Sachsen«. Aber es bliebe die Frage: Wenn wir die neuen »Sachsen« sind, müssen wir dann auch so sprechen wie die jetzigen? Ich glaube, wir sollten alles so lassen, wie es ist, uns einfach daran erinnern, wie es war, und nicht darüber nachdenken, wie es hätte sein können oder richtig wäre.

Gerhard Köbler, Historisches Lexikon der deutschen Länder, 6. Aufl., München 1999

Niedersachsenlied

Das Niedersachsenlied ist die offizielle Landeshymne von Niedersachsen

Wenn die Niedersachsen feiern, dann singen sie gern. Das ist kein Vorurteil, sondern Tatsache. Egal, ob bei Sportveranstaltungen oder Schützenfesten (↑Schützenverein), auf Landesparteitagen oder anderen Gelegenheiten, das Niedersachsenlied ist immer dabei. Nur nicht bei offiziellen staatlichen Anlässen. Wird der Ministerpräsident vereidigt, oder es steht ein Staatsbesuch in Hannover ins Haus: das Niedersachsenlied wird nicht gespielt. Und das aus gutem Grund. Es gehört nämlich nicht zu den offiziellen Symbolen des Landes (↑Sachsenross). Es gibt nur drei deutsche Bundesländer, die eine offizielle eigene Landeshymne haben. Das sind Bayern, Hessen und das Saarland. Alle anderen Länder spielen die deutsche ↑Nationalhymne, das ist auch in Niedersachsen so. Das Niedersachsenlied ist aber die heimliche Hymne der Herzen. Wer sie singt, der zeigt seine Verbundenheit mit dem Land.

Das geht so weit, dass die ganz Harten es sogar als Klingelton im Handy gespeichert haben. Dabei wird auch nicht gesungen. Bei genauerer Betrachtung muss nämlich gesagt werden, dass der Text etwas martialisch und auch antiquiert wirkt. Das führt dazu, dass einige dieses Lied total boykottieren, auch wenn sie überzeugte Niedersachsen sind.

Von der Weser bis zur Elbe, von dem Harz bis an das Meer,
Stehen Niedersachsens Söhne, eine feste Burg und Wehr.
Fest wie unsere Eichen halten alle Zeit wir stand,
Wenn Stürme brausen übers Deutsche Vaterland.
Wir sind die Niedersachsen, sturmfest und erdverwachsen,
Heil Herzog Widukind Stamm!

Wo fielen die römischen Schergen? Wo versank die welsche Brut?
In Niedersachsens Bergen, an Niedersachsens Wut.
Wer warf den röm'schen Adler nieder in den Sand?
Wer hielt die Freiheit hoch im Deutschen Vaterland?
Das war'n die Niedersachsen, sturmfest und erdverwachsen,
Heil Herzog Widukind Stamm!

Auf blühend roter Heide starben einst vieltausend Mann,
Für Niedersachsens Treue traf sie der Franken Bann.
Vieltausend Brüder fielen von des Henkers Hand,
Vieltausend Brüder für ihr Niedersachsenland.
Das war'n die Niedersachsen, sturmfest und erdverwachsen,
Heil Herzog Widukind Stamm!

Aus der Väter Blut und Wunden wächst der Söhne Heldenmut.
Niedersachsen soll's bekunden: Für Freiheit, Gut und Blut!
Fest wie unsere Eichen halten alle Zeit wir stand,

Wenn Stürme brausen übers Deutsche Vaterland.
Wir sind die Niedersachsen, sturmfest und erdverwachsen,
Heil Herzog Widukind Stamm!

So alt sich dieser Text anhören mag, so jung ist er. Erst in den 1920er Jahren hat ihn der Braunschweiger Musiklehrer und Komponist Hermann Grote verfasst. Die kriegerische Sprache zeigte seine Abneigung gegen die »Franken« (Franzosen). Das ist auf die damals noch nicht verdaute Niederlage des Deutschen Reiches im Ersten Weltkrieg zurückzuführen. Da erinnerte man sich lieber an die legendäre Schlacht des Cheruskerfürsten Hermann, oder auch Arminius (↑Varusschlacht), gegen die Römer. Oder die des Sachsenherzogs ↑Widukind gegen Karl den Großen. Das waren noch Siege! Heute dürfte kaum noch jemand davon träumen, »Gut und Blut« zu opfern oder in der ↑Lüneburger Heide den Heldentod zu sterben. Es nimmt ja auch niemand an, dass die Franzosen heute noch beim Absingen ihrer Nationalhymne die Messer wetzen. In der Marseillaise heißt es seit mehr als zweihundert Jahren unverändert: »Zu den Waffen, Bürger! / Schließt die Reihen, / Vorwärts, marschieren wir! / Das unreine Blut / tränke unserer Äcker Furchen!« Wer beim nächsten Länderspiel der Franzosen den Videotext zur Hilfe nimmt, der wird diese Zeilen lesen können. In Niedersachsen gab es den Versuch, das Lied der Niedersachsen zu entschärfen. Es sollte auf den neuesten Stand der PC, also der politischen Korrektheit, gebracht werden. Im Internetlexikon Wikipedia ist zum Beispiel eine Variante zu lesen, in der sich die zweite Strophe so anhört:

Schafe ziehen durch die Heide, in den Städten lärmt Verkehr,
Auf den Strömen, auf den Gleisen geht der Handel hin und her.
Fest wie unsere Eichen halten alle Zeit wir stand,
Auch wenn Stürme brausen über unser Heimatland.
Wir sind die Niedersachsen, sturmfest und erdverwachsen,
Bieten einander die Hand.

Das klingt aber irgendwie gar nicht nach Hymne, oder? Auch der Versuch, ein komplett anderes Niedersachsenlied zu komponieren und zu texten, darf erst mal für gescheitert erklärt werden. Ein baden-württembergischer Energieversorger schenkte dem Land Niedersachsen zu seinem sechzigsten Geburtstag ein neues Lied. Der Ministerpräsident bedankte sich ganz artig dafür. Gesungen wurde es vom DSDS-Talent Dominik Decker. Bei ihm hörte sich »Niedersachsen – Mein Lieblingsland« ja noch ganz gut an. Den Härtetest muss es allerdings in Schützenvereinen bestehen. Und auch der Text ist zwar politisch korrekt, aber einfach ein bisschen zu banal:

Denn weil mein Herz schlägt mit Gefühl und Verstand,
Ist Niedersachsen mein Lieblingsland,
Über Wellen zum Nordseestrand.
Weil mich jede Idee trägt über Berge und Tand,
Ist Niedersachsen mein Lieblingsland.

Gähn! Schlaf ein! Langweilig! Dagegen ist ja sogar »Ein bisschen Frieden« von Nicole ein echter Fetenkracher. Sorry, aber daraus wird nichts! Dann doch lieber der alte Text in neuem Kleid. Denn neben der Gröhl-Version stark angetrunkener Schützenfestbesucher gibt es noch Versionen von Gruppen wie Lovecrush, Coney M. oder Jazzkantine. Da ist dann für jede Stimmungslage ein passendes Niedersachsenlied dabei.

Norman-Mathias Pingel, Braunschweiger Stadtlexikon. Ergänzungsband, Braunschweig 2002; www.niedersachsen.de; www.niedersachsenlied.de; www.ffn.de/comedy/niedersachsenlied.html

Nobelpreisträger

Niedersachsen hat keine Nobelpreisträger

Vorweg: Niedersachsen hat zahlreiche Universitäten, an denen viel gelehrt und geforscht wird. Keine Universität ist allerdings so erfolgreich wie die Uni Göttingen (↑Gänseliesel). Dort haben im Laufe der Zeit sogar dreiundvierzig Männer und eine Frau gelebt und gelehrt, die später den Nobelpreis bekamen. Drei davon waren echte Niedersachsen. Den Anfang machte im Jahr 1905 Robert Koch aus Clausthal; er bekam den Nobelpreis für Medizin. Im Jahr 1908 war es der Auricher Rudolf Eucken, der den Literatur-Nobelpreis nach Niedersachsen brachte. Und Hans

Adolf Krebs aus Hildesheim bekam ihn (wiederum für Medizin) im Jahr 1953.

Aber nicht nur in Göttingen gab es nobelpreisverdächtige Forscher. Otto Meyerhof aus Hannover erhielt 1922 den Preis für Medizin, der an der TH Hannover habilitierte Friedrich Bergius 1931 den für den Bereich Chemie. Für Klaus von Klitzing, der sein Diplom an der TH Braunschweig gemacht hatte, gab es 1985 den Nobelpreis in Physik. Allen PISA-Studien (↑Leibniz) zum Trotz – Spitzenforschung hat in Niedersachsen schon lange Tradition.

www.uni-goettingen.de; www.wissen-news.de/nobelpreis

Norddeutsche Sahara → Lüneburger Heide

Ostfriesenwitze

Die Ostfriesen haben die Ostfriesenwitze selbst erfunden

Das mit den Ostfriesenwitzen kam so: Ostfriesen sind von jeher ein eigenständiger Volksstamm gewesen. Nicht umsonst haben sie sich über viele Jahrhunderte gegen eine Herrschaft von außen gewehrt. Und das recht erfolgreich. Denn die »freien Friesen« haben sich bei Kämpfen schon mal selber was auf die Mütze gehauen. Wenn aber jemand Fremdes über sie bestimmen wollte, dann haben sich die ↑Häuptlinge mit ihren Landsmännern gemeinsam gegen die Bedrohung gewehrt. In frühen Jahren machten sie das mit den Klootkugeln (↑Klootschießen), die sie ihren Feinden entgegenschleuderten. Auch List und Tücke waren in der moorigen Landschaft eine Alternative zu den waffenstarrenden Armeen, die gegen Ostfriesland vorrückten. Dazu kam die Sprache der Ostfriesen. Das Plattdeutsche (↑Platt) verstand nicht jeder. So war der Landstrich der Ostfriesen lange im Rest des Landes unbekannt bis verschrien.

Witze über sich selbst macht eigentlich niemand gern. Und doch: die Ostfriesenwitze waren vor allem Ende der 1960er und in den 1970er Jahren der Brüller. Geschadet haben sie übrigens nicht. Denn jeder wollte plötzlich wissen, ob die Ostfriesen wirklich so komisch drauf sind, wie in den Witzen beschrieben. Entstanden sein sollen die Witze am Gymnasium von Westerstede. Der Ortskundige weiß, das liegt im Ammerland, der Nachbarregion Ostfrieslands. Die Rivalität, die Streitereien und Neckereien zwischen den ostfriesischen und den Ammerländer Schülern gipfelten in einem pseudowissenschaftlichen Aufsatz aus der Reihe »Aus Forschung und Lehre«. Abgedruckt wurde der Artikel in der Schülerzeitung. Thema: »Homo ostfrisiensis«. Darin wurden die Ostfriesen als unbeholfen und in großen Teilen dumm beschrieben. Dazu wurden gleich Beispiele mitgeliefert, die im typischen Frage-Antwort-Stil funktionierten.

So sieht ein klassischer Ostfriesenwitz aus: »Warum nehmen Ostfriesen ein Messer mit ans Meer? Damit sie in See stechen können!« Oder: »Wie viele Ostfriesen braucht man, um eine Glühbirne zu wechseln? Fünf: einer steht auf dem Tisch und hält die Birne in die Fassung und vier drehen den Tisch!« Wie gesagt, das sind nur Beispiele. Die Ostfriesen kamen dann allerdings sehr schnell auf den Trichter, die Witze für sich sprechen zu lassen.

Ein Meister darin war und ist Otto Waalkes, der berühmteste ostfriesische Komiker. In seinem Bühnenprogramm findet sich dieser Witz: »Die Ostfriesen und die Bayern spielen Fußball. Da fährt ein Zug in der Nähe vorbei und pfeift. Die Ostfriesen denken, das Spiel ist vorbei und gehen vom Platz. Eine halbe Stunde später schießen die Bayern das erste Tor.«

Ein anderer Witz zugunsten der Ostfriesen: »Was machen Ostfriesen bei Ebbe? Sie verkaufen den Österreichern Baugrundstücke direkt am Meer.« Und so könnte man das ins Unendliche fortsetzen. Ostfriesenwitze sind heute noch sehr populär. Die gestandenen Ostfriesen erzählen sie gerne den Touristen, die ihr Land besuchen. Das bringt immer einen Lacher und entspannt so manche Situation. Weil die Ostfriesenwitze so gut funktionierten, gab es in den folgenden Jahren immer wieder Gruppen, die teilweise mit den gleichen Scherzen auf die Schippe genommen wurden. Da gab es die Polenwitze, die Blondinenwitze, die Bayernwitze oder die Mantawitze. Insofern stehen die Ostfriesen mit den Witzen nicht ganz allein da.

Die Mär, dass die Ostfriesen die Witze selber erfunden haben, stimmt aber nicht. Es war kein Marketinggag eines ostfriesischen Witzeschreibers.

www.ostfriedland.de; Wiard Raveling, Die Geschichte der Ostfriesenwitze, Leer 1993

Ostfriesische Inseln

Es gibt nur sieben ostfriesische Inseln

Wie schön sie sind. Umspült von den Wassern der Nordsee, liegen die sieben ostfriesischen Inseln wie auf einer Perlenkette aufgezogen vor der niedersächsischen Küste. Oder besser gesagt, vor der ostfriesischen Halbinsel. Die Inselgruppe erstreckt sich auf einer Länge von rund neunzig Kilometern. Von Westen, gegenüber der Mündung der Ems, bis in den Osten, zur Mündung der Weser. Vom Festland aus muss man zwischen dreieinhalb und zehn Kilometer rudern, segeln oder mit dem Motorboot oder der Fähre fahren, um die Inseln zu erreichen.

Von West nach Ost heißen die Inseln: Borkum, Juist, Norderney, Baltrum, Langeoog, Spiekeroog und Wangerooge. Das macht nach Adam Riese sieben ostfriesische Inseln. Allerdings sind das nicht alle, sondern nur die bewohnten. Daneben gibt es noch vier weitere, unbewohnte ostfriesische Inseln: Lütje Hörn, östlich von Borkum, Memmert und Kachelotplate, südwestlich von Juist und Minsener Oog, eine aufgespülte Insel südöstlich von Wangerooge. Am östlichen Rand der Inselkette liegt auch noch Mellum. Aber diese Insel wird vom Bundesamt für Naturschutz trotz ihrer Lage schon zu den Watten des Elbe-Weser-Dreiecks gezählt.

Politisch gehören die sieben »offiziellen« ostfriesischen Inseln zu verschiedenen Landkreisen auf dem Festland. Borkum zum Landkreis Leer, Juist, Norderney und Baltrum zum Landkreis Aurich, Langeoog und Spiekeroog zum Landkreis Wittmund und Wangerooge zum Landkreis Friesland. Zusammen genommen haben alle Inseln eine Fläche von rund 135 Quadratkilometern und knapp 17 000 Einwohner. Diese Zahl vervielfacht sich stark durch die Touristen, die in Scharen kommen. Sie lieben an den ostfriesischen Inseln vor allem die langen Strände zur See hin. Im Gegensatz zur Ostsee gibt es hier richtige Wellen, die besonders für Surfer, Kite-Surfer und Segler ein Erlebnis sind. Und auf der Landseite fällt das Wattenmeer alle sechs Stunden bei Niedrigwasser trocken. Einige der Inseln sind deshalb während der Ebbe zu Fuß zu erreichen. Selbstverständlich nur geführt. Bei Wanderungen ohne Wattführer bringen sich regelmäßig Urlauber in große Gefahr.

Das Wattenmeer gehört seit Juni 2009 zum Weltnaturerbe der UNESCO. Es ist eine einzigartige Landschaft. Oft ist den Touristen die Enttäuschung anzusehen, wenn sie ans Wasser kommen, und es ist nicht da. Das ist an der gesamten Küstenlinie in Niedersachsen so. Die Inseln haben jedoch den Vorteil, dass auf der Wasserseite immer Wasser ist. Es zieht sich zwar bei Ebbe ebenfalls etwas zurück, ist aber nie ganz weg. Das Wattenmeer liegt in der gemäßigten Klimazone. Westwindlagen und warmes Atlantikwasser aus dem Nordatlantikstrom beeinflussen diese Zone. Oft unterscheidet sich die Wetterlage auf den Inseln und dem gegenüberliegenden Festland. Auf der Landseite der Inseln kann man regelmäßig bei strahlendem Sonnenschein baden, während es an der Küste aus vollen Eimern regnet. Es kann allerdings auch umgekehrt sein.

Geologisch gesehen ist das Wattenmeer eine sehr junge Landschaftsform. Die Entstehung geht auf die letzte Eiszeit zurück. Im Watt hat sich eine einzigartige Flora und Fauna entwickelt. Die Salzwiesen sind die mit Abstand größten in Europa. Das Leben im Wattenmeer ist vielfältig. Viele Algenarten, die berühmten Wattwürmer, Krebstiere wie der »Dwarsloper«, also Querläufer oder Strandkrabbe, und Miesmuscheln sind dort zu Hause. Von Seeregenpfeifern über Möwen bis hin zu Säbelschnäblern flattern sechzig verschiedene Vogelarten durch die Luft über dem Watt und ernähren sich von Schalentieren und Würmern. Im Wasser schwimmen Nagelrochen, Katzenhaie, Schollen und siebenundvierzig andere Fischarten herum. An Säugetieren gibt es Kegelrobben, Seehunde und Schweinswale. Das Wattenmeer lebt. Eine Attraktion für die Besucher der Küste und der Inseln sind die vielen Segelschiffe, Motorboote und Fähren. Vor allem Krabbenkutter und Seenotrettungskreuzer sind wahre Highlights. So etwas kennt man nicht im Binnenland. Auf der Seeseite ziehen oft große Containerschiffe oder Tanker in der Ferne vorbei.

Kein Wunder also, dass die ostfriesischen Inseln und der Küstenstreifen Ostfrieslands Millionen Besucher pro

Jahr anziehen. Dabei kommt es kaum zu größeren Menschenansammlungen. An der Küste »verläuft sich das«, wie man sagt. Auf den Inseln ist das etwas anders. Da gibt es die eher ruhigen Eilande wie Juist, Spiekeroog oder Wangerooge. Auf Norderney oder Borkum ist da schon mal mehr los. Das könnte auch daran liegen, dass diese beiden Inseln die einzigen sind, auf die man sein Auto mitnehmen darf. Alle Inseln haben einen völlig unterschiedlichen Charakter. Erst wer sie alle besucht hat, der wird seine persönliche ostfriesische Lieblingsinsel finden und sie in sein Herz schließen. Die sieben ostfriesischen Inseln, die vier kleineren dazu und das Wattenmeer: eine ganz besondere Welt für sich und doch für alle.

Hansjörg Streif, Das ostfriesische Küstengebiet, Stuttgart 1990; Ludwig Fischer, Thomas Steensen, Das Wattenmeer, Stuttgart 2005

Ostfriesische Palme → Palmen

Palmen

In Ostfriesland wachsen Palmen

Das kann nicht stimmen? Stimmt aber doch! Und irgendwie auch wieder nicht. Ist Ansichtssache. Kann man so nicht sagen. Wir klären dann mal auf. Die echte Palme, so wie man sie sich in Südseeparadiesen oder in heißen Mittelmeerländern vorstellt, wächst in Niedersachsen wohlbehütet und überdacht zum Beispiel in der Orangerie in Hannover oder in Bad Pyrmont, da allerdings ab dem Frühjahr auch draußen. Ihr wissenschaftlicher Name lautet »Arecaceae« oder »Palmae«.

In Ostfriesland wächst dagegen die »Ostfriesische Palme«. Die hat mit den Mittelmeerpalmen überhaupt nichts gemein, außer der Tatsache, dass sie im Aussehen ihren südlichen Pflanzengenossen ähnelt. Ihr wissenschaftlicher Name lautet: »Brassica oleracea«, oder schlicht und einfach: »Grünkohl«. Es ist noch gar nicht so lange her, dass der Grünkohl in ganz Norddeutschland als Wintergemüse ganz oben auf der Speisekarte stand. Heute ist er auf den Feldern nicht mehr so oft zu sehen. Schon gar nicht die hochgewachsenen Sorten, die eine Höhe von bis zu zweieinhalb Metern erreichen können. Wer diese Sorte sehen will, der muss schon zu einem Biobauern fahren. Die versuchen, die echte »Ostfriesische Palme« am Leben zu erhalten, denn für die kommerzielle Nutzung werden kleinere Sorten bevorzugt, die von den Landwirten besser geerntet werden können. Die alte Bezeichnung für den Grünkohl lautet übrigens »Strunkkohl«. Dieses alte Kulturgut erlebte in den vergangenen Jahren zum Glück eine Renaissance.

Immer öfter wollen Kunden den ursprünglichen Geschmack des Grünkohls auf der Zunge spüren und schmecken. Dafür legen sie dann auch schon mal etwas mehr Geld auf die Ladentheke als für die geschredderte Discounterware aus dem Tiefkühlregal.

In keiner Region Deutschlands gibt es so viele unterschiedliche Grünkohlsorten wie in Ostfriesland. Der Ostfriese an sich reserviert für seine Palme schon mal eine Ecke im Garten, um im Winter nicht auf »Grünkohl mit Pinkel« verzichten zu müssen (↑Pinkelfahrt). Pinkel? Wat is dat denn? Das wird weiter unten erklärt.

Der Grünkohl gehört zur Familie der Kreuzblütengewächse. In Ostfriesland heißt er Grünkohl, in Bremen, Braunschweig und Hannover wird er »Braunkohl« genannt. Es gibt ihn auch noch als »Hochkohl«, »Winterkohl« oder »Krauskohl«. In der Schweiz ist es der »Federkohl«, in Ostwestfalen-Lippe die »Lippische Palme«. Also, die Ostfriesen spinnen nicht alleine, wenn es um die Bezeichnung »Palme« geht. Das mit der Bezeichnung »Braunkohl« liegt wohl daran, dass es unterschiedliche Sorten des »Grünkohls« gibt. Abweichungen bei Größe, Farbe und Form haben zu den verschiedenen Bezeichnungen geführt.

Der Grünkohl hat seinen Ursprung möglicherweise in Griechenland. Dort wird schon im Jahre 400 v. Chr. ein krausblättriger Blattkohl beschrieben. Bei den Römern wurde der dann als Sabellinischer Kohl bezeichnet. Für die Römer war dieser Kohl eine Delikatesse. Wer es schaffte, ihn anzubauen, der konnte es zu echtem Wohlstand bringen. Die Römer waren es dann auch, die bei ihren Feldzügen den »Grünkohl« in Germanien einführten.

Grünkohl wächst sehr schnell. Man kann ihm dabei praktisch zugucken. Große Blütenstände treiben viele gelbe Blüten aus. Damit der Kohl schnell wächst, muss der Boden gut vorbereitet werden. Kompost und Hornspäne eignen sich dafür besonders. Im heimischen Garten kann man Grünkohl bedenkenlos neben Tomaten, Spinat, Sellerie, Rhabarber oder Gurken pflanzen. Denen kommt er nicht ins Gehege.

Auf großen Ackerflächen wird der Grünkohl schon ab September abgeerntet. Dann wird er schockgefrostet. Ansonsten wird der Grünkohl traditionell nach dem ersten »natürlichen« Frost geerntet. Durch den Frost steigt der Zuckergehalt der Blätter an, die so nach dem Kochen bekömmlicher sind. Grünkohl enthält viel Vitamin C. In früheren Zeiten war er deshalb gerade im Winter gut, um den Vitamin-C-Haushalt zu decken. Winterzeit ist auch heute noch ganz klar Grünkohlzeit. Wenn es draußen kalt wird, dampfen drinnen die Kessel. Von Region zu Region gibt es unterschiedliche Rezepturen. Immer jedoch ist schöne, fette Wurst dabei. In Ostfriesland zum Beispiel Pinkel, Kassler und Speck mit Salzkartoffeln. In anderen Regionen Grützwurst, harte und weiche Mettwurst. Der Grünkohl wird mit Schweineschmalz und Hafergrütze gekocht und mit viel Salz, Pfeffer und Speck gewürzt. Grünkohl schmeckt immer besser, je öfter er aufgewärmt wird.

Noch einmal zur Pinkelwurst: Die hört sich komisch an, schmeckt allerdings sehr köstlich. Pinkel kommt aus dem Plattdeutschen und bedeutet »Mastdarm«, also der Darm, in den die Fleischmasse eingefüllt wird. Ostfriesisch steht »pink« übrigens auch für »kleiner Finger«. So klein sind die Pinkelwürste dann aber nicht. Jetzt haben wir alle Zutaten zusammen, die wir für ein deftiges Grünkohlessen brauchen. »Dat defftig Ollnborger Gröönkohl-Äten« ist zu einem absoluten Exportschlager geworden. Einmal im Jahr, früher in Bonn, heute in Berlin, wird in der niedersächsischen Landesvertretung der Kohlkönig gekürt. Das sind in der Regel Politiker, die ab und zu auch ihre humorige Seite durchblitzen lassen. Kohlkönige waren unter anderem schon Helmut Kohl, Gerhard Schröder, Christian Wulff, Guido Westerwelle oder Angela Merkel. An diesem Abend gibt es Grünkohl und Pinkel satt. Und in der Antrittsrede darf der neue Kohlkönig oder die Kohlkönigin auch schon mal verbal die Mitstreiter und politischen Gegner auf die »Ostfriesische Palme« jagen.

Die WELT vom 21. Dezember 2008; Hermann Gutmann, Kohl-und Pinkel-geschichten, Bremen 2004

Pelikan → Erfinder

Pferde

In Niedersachsen gibt es die meisten Pferde

Niedersachsen ist ein Pferdeland. Nicht umsonst stellt sich im Landeswappen ein Pferd auf die Hinterbeine (↑Sachsenross). Außerdem gibt es in Niedersachsen berühmte Pferderassen, berühmte Reiter, elf Pferdezuchtverbände und mehr als zwanzig Prozent des Pferdebestandes in Deutschland. In Bad Harzburg gibt es das älteste deutsche Pferdegestüt. In den Mooren rund um Oldenburg und Osnabrück wurden die ältesten bekannten Pferdewagenspuren der Welt gefunden. Und im Landkreis Helmstedt konnten die ersten Spuren für das Vorkommen von Pferden überhaupt nachgewiesen werden. Viel mehr Pferd geht also nicht.

Doch, es geht noch mehr! Da gibt es außerdem die Messe »Pferd & Jagd« in Hannover. Auf großen Pferdeauktionen in Verden, Vechta oder Ankum bei Osnabrück kommen edelste Züchtungen leicht auch mal mit Preisen von 200 000 Euro und mehr unter den Hammer. In Verden gibt es kein »Verde-«, sondern ein »Pferde-Museum«. Beim »Duhner Wattrennen« an den Stränden von Cuxhaven laufen Traber und Galopper über den harten Sand. In Celle gibt es die berühmte Hengstparade.

Niedersachen ist in keiner anderen Sportart so erfolgreich wie im Reitsport. Namen wie Alwin Schockemöhle, Ludger Beerbaum, Gert Wildfang oder Claus Erhorn lassen bei jedem Pferdekenner das Herz höher schlagen. Außerdem kommen viele technische Innovationen rund um das Pferd aus Niedersachsen. In Göttingen (↑Gänseliesel) gibt es an der Universität einen Masterstudiengang »Pferdewirtschaft«. Die Firma »Schmidt Land- und Gartentechnik« in Adelsleben hat 2006 den ersten »vollautomatischen Huf- und Klauenreiniger« erfunden. Der Reifenhersteller Continental AG aus Hannover konstruierte schon ein Jahr vorher ein spezielles Laufband für Pferde. Die müssen bei schlechtem Wetter also auch nicht mehr raus, sondern können in einer Pferdemuckibude trainieren. Da bekommt das Wort »Pferdestärke« gleich eine andere Bedeutung. Und, kein Witz, Pferde, die auf diesen Trainingsbändern ihre Strecke machen, haben bessere Ergebnisse als die frei laufenden Tiere. Das belegen amerikanische Studien. Der Kunststoff aus Niedersachsen trägt Pferde mit einem Gewicht bis zu achthundert Kilogramm. Die Technik ist auch für Rennkamele geeignet. Die sind in Niedersachsen allerdings eher selten anzutreffen.

In Niedersachsen hängen rund 45 000 Arbeitsplätze direkt oder indirekt am Pferd. Hier ist man also zu Recht sehr stolz auf die Pferdetradition. Das war allerdings nicht immer so. In den vergangenen Jahrzehnten, besonders in den 1950er bis 1970er Jahren hatte sich der Pferdebestand in Deutschland und auch in Niedersachsen stark reduziert. Auf rund ein Viertel. Das Pferd galt als Auslaufmodell und war nur noch gut für einen Ausritt oder eben den Sport. Der Traktor war das bessere Pferd geworden. Daran hat sich auch bis heute nicht viel geändert. Pferde werden als Zugtiere kaum noch genutzt. Dafür stehen sie bei Freizeit, Sport und Spiel wieder ganz oben in der Gunst der Pferdeliebhaber.

Nach so viel Euphorie muss aber doch noch etwas

Wasser in den Wein geschüttet werden: Die meisten Pferde in Deutschland gibt es nicht in Niedersachsen. Die meisten stehen und leben in Nordrhein-Westfalen. Nach einer Statistik der Deutschen Reiterlichen Vereinigung im Jahr 2006 gab es dort 197 000 Pferde, in Niedersachsen 6 000 weniger. Da ist aber noch nicht Hopfen und Malz verloren. Das kann man noch einholen.

Würde man nur nach den Zahlen gehen, wäre Niedersachsen nicht das »Pferdeland«, sondern das »Schweineland«. Im Bundesvergleich liegt Niedersachsen da souverän an der Spitze. Mit 8,08 Millionen Schweinen kommt mindestens eins auf jeden Einwohner. Aber mal ehrlich, wer will im Landeswappen, trotz dieses Titels, schon ein Schwein anstelle des geliebten Sachsenrosses haben.

www.statistik-portal.de; www.pferde-land-niedersachsen.com; www.uni-goettingen.de; www.innovatives.niedersachsen.de; www.pferd-aktuell.de

Pinkelfahrt

Eine Pinkelfahrt ist ein Ausflug für Niedersachsen mit Blasenproblemen

Auf einer solchen Fahrt ist es nicht so, dass ganze Busbesatzungen besonders gut ausgebaute und neue Urinale im Land aufsuchen. Denn der gewöhnliche oder außergewöhnliche Harndrang spielt bei einer Pinkelfahrt keine Rolle. Eine Pinkelfahrt ist ein Ritual, dass in ganz Niedersachsen bekannt ist. Ein echter Exportschlager, der seinen Ursprung im Westen des Landes hat. Pinkel ist eine Wurst, die zum Grünkohl serviert wird (↑Ostfriesische Palme). Sie ist fett und nahrhaft. Eine Pinkelfahrt ist deshalb auch keine Ganzjahresveranstaltung. Pinkelreisende sind vor allem in den kalten Monaten des Jahres unterwegs. Die Fahrt wird von langer Hand geplant, denn alleine macht eine solche Fahrt überhaupt keinen Spaß. Wichtig ist es, einen Termin zu finden, an dem möglichst viele Freunde Zeit haben. Dann muss dafür gesorgt werden, dass alle notwendigen Utensilien zusammenkommen. Dazu gehören: lange Unterhose, dicke Socken, langärmeliges T-Shirt, Hose, Pullover, Schal, Handschuhe und eine dicke Jacke. Um den Hals ein Schnapsglas an einem Band. Das weist schon auf ein weiteres, typisches Stilelement der Pinkelfahrt hin. Neben dem Essen, das erst später serviert wird, muss der Pinkelfahrer auch trinkfest sein. Denn zur Pinkelfahrt gehört auch ein Bollerwagen, in dem ein buntes Sortiment an weichen, härteren und ganz harten Alkoholika mitreist. Das fängt beim Bier an, geht weiter über den kleinen Feigling oder einen Jägermeister bis hin zu Schnaps oder dem Kruiden, einem ostfriesischen Kräuterschnaps mit ordentlich Umdrehungen und einem Geschmack, bei dem sich die Zehennägel hochklappen und alle Löcher zuziehen.

Damit geht es dann auf Reisen, denn vor der Haustür kann ja jeder Boßeln, Bessenschmieten, Teebeutelweitwerfen oder andere Spiele spielen, die eine gute Koordination und Kondition fordern. Der Bus wartet an einem vorher verabredeten Punkt. Der Proviant und die Getränke werden im Bus verstaut, der Bollerwagen wird in das große Gepäckfach geschoben. Die Gruppenreise geht los. Und das Ende ist offen. Noch sind alle klar im Kopf. Das ist wichtig für die Einteilung der Gruppen.

Um ganz sicher zu gehen, werden die Start- und Gruppennummern mit einem Edding auf den Handrücken geschrieben. Nach der ersten feuchtfröhlichen Runde im Bus wird die ganze Gruppe irgendwo im platten Land, weit ab von jeder Zivilisation, aus dem Bus geworfen. Man sieht sich, hoffen alle, wenn der Bus langsam am Horizont verschwindet. Und weil es draußen so kalt ist, wird erst mal ein Schnaps hinter die Binde gekippt. Die Gruppen stellen sich zusammen, und es geht los. Die Boßelkugel rollt über die Straße. Dort, wo sie die Straße verlässt, muss der nächste aus der Gruppe weitermachen. Aber erst dürfen die anderen. Rollt deren Kugel weiter, muss die erste Mannschaft die Kugel einholen. Klappt das nicht, gibt es einen »Schöt«, einen Punkt. Wer am Ende der Strecke die meisten hat, der hat gewonnen. Irgendwie ist das nach fünf Kilometern und zahlreichen Schnäpsen aber auch egal. Denn eins ist klar: Nach jedem Punkt, an jeder Ecke, bei jeder Brücke ist eine Pause angesagt. Die Stimmung steigt, der Druck in der Blase auch. O.k., wer sich da an einem Baum oder hinter einem Strauch Erleichterung verschafft, der macht dem Namen »Pinkelfahrt« auf andere Art und Weise alle Ehre.

Dann ist die Kneipe erreicht, in der es Grünkohl mit Pinkelwurst gibt. Und hinter der Tür des warmen Lokals steht so ein kleines Männchen mit einem Knüppel und haut den Ankömmlingen im übertragenen Sinne damit einen vor den Kopf. Denn Schnaps bei kalter Luft, viele Kilometer in den Beinen und dann die Wärme des Pinkelsaals führen dazu, dass der Verlust der Muttersprache schneller kommt, als man denkt. Jahrelange Erfahrung hilft, um nicht in diese Falle zu tappen. Egal, die Pinkelfahrt erreicht ihren Höhepunkt. Pinkelwurst mit Kassler, Grünkohl und Kartoffeln werden serviert. Auf dem Tisch selbstverständlich wieder Bier, Schnaps, Roter und Kruiden. Irgendwann kommt dann der Bus, alle werden eingeladen, inklusive leerem Bollerwagen. Das ein oder andere Schnapsglas ist auf der Strecke geblieben. Die Fahrt nimmt ein feuchtfröhliches Ende. Und eine Gewissheit bleibt: Das nächste Jahr wird kommen, und dann treffen sich wieder alle, frisch im Kopf und voll der Lust auf eine Pinkelfahrt, die mit Blasenschwäche nichts zu tun hat.

Quelle: Eigene Erfahrungen

PISA-Studie → Nobelpreisträger → Schiefer Turm

Platt

Plattdeutsch ist ein niedersächsischer Dialekt

Plattdeutsch oder auch Niederdeutsch findet sich seit dem 1. März 1998 in der Europäischen Charta der Regional- und Minderheitensprachen. Seit 1999 sind die entsprechenden Regelungen auch in Deutschland in Kraft. Der Vertrag schützt und fördert die gewachsenen Sprachen in Europa, die vom »Aussterben« bedroht sind. Damit sollen in Zeiten von Globalisierung und Veränderung von Sprachen besonders die kulturellen Traditionen und das Kulturerbe Europas erhalten werden. Außerdem wird dadurch das allgemeine Recht gefestigt, im öffentlichen Leben und im privaten Bereich eine Regional- oder Minderheitensprache zu gebrauchen.

Die Charta unterstützt deshalb auch besondere Maßnahmen, damit diese Sprachen nicht aus dem Alltag verschwinden. Dabei werden Behörden, Einrichtungen, Schulen, Medien oder Dienstleistungsbetriebe ermuntert, sich für die jeweilige Sprache zu engagieren. Alle Unterzeichnerländer haben sich zu besonderen Fördermaßnahmen verpflichtet.

Die niederdeutsche oder auch »plattdeutsche« Sprache ist also amtlich geschützt. In Niedersachsen wird noch in vielen Regionen Plattdeutsch gesprochen, oft jedoch nicht mehr als gängige Alltagssprache. Auch in anderen Bundesländern spricht man Niederdeutsch, vor allem in Schleswig-Holstein, Mecklenburg-Vorpommern, Teilen von Nordrhein-Westfalen, Hessen und Sachsen-Anhalt. Auch in den Niederlanden, Dänemark, Russland, Kasachstan,

Kanada, den USA, Mexiko und anderen Ländern. Das ist auf den ersten Blick verwunderlich, jedoch leicht zu erklären. Überall dort, wo sich in den Zeiten der großen Auswandererwellen »Plattdeutsche« angesiedelt haben, ist die Sprache in Teilen noch lebendig, wird von Generation zu Generation weitergegeben.

Zugegeben: Das Plattdeutsche oder Niederdeutsche hat seine ehemals uneingeschränkte Bedeutung als Wirtschafts- und Amtssprache längst verloren. Schon Ende des 16., Anfang des 17. Jahrhunderts hat das Niederdeutsche seinen Status als Schriftsprache an das Hochdeutsche abgeben müssen. Immer mehr Landesherrscher und das gebildete Bürgertum bevorzugten das hochdeutsche Schriftbild (↑Hochdeutsch). Plattdeutsch blieb jedoch als Sprache gerade bei der Landbevölkerung im wahrsten Sinne des Wortes in aller Munde.

Wie wichtig die niederdeutsche Sprache trotz des Vormarsches des Hochdeutschen blieb, zeigen mehrere Punkte. So gab es eine bedeutende Übersetzung der Bibel ins Niederdeutsche von Johannes Bugenhagen. Auch wenn die ↑Hanse damals ihre Blütezeit schon etwas länger hinter sich hatte, blieb das Niederdeutsche lange die Verkehrssprache des Nord- und Ostseeraums. Sehr gut beschrieben ist das auch im Werk des Nobelpreisträgers Thomas Mann: Die Senatoren und großen Händler in seinem Roman »Buddenbrocks« sprechen und verhandeln in Plattdeutsch.

Wie wichtig das Plattdeutsche nach wie vor ist und wie sehr sich die Menschen den Erhalt der Sprache wünschen, zeigen immer mehr Initiativen. In Ostfriesland gibt es regelmäßig »Plattdütsch bi't Arbeit«. Das steht für mehr

Plattdeutsch im Arbeitsalltag der Menschen. Denn viele Arbeitnehmer und auch Arbeitgeber beherrschen die Sprache, ohne sie tatsächlich während der Arbeitszeit zu sprechen. Nach Untersuchungen des »Plattdütskbüros der Ostfriesischen Landschaft« in Aurich sprechen noch knapp fünfzig Prozent der Auszubildenden in den Betrieben Plattdeutsch. Bei Stellenausschreibungen für den öffentlichen Dienst findet sich immer wieder der Hinweis, dass Menschen mit Plattdeutschkenntnissen gesucht werden. Sogar plattdeutsch heiraten ist voll im Trend. Die Zeremonie wird auf Plattdeutsch abgehalten. Der Standesbeamte fragt die Heiratswilligen auf Plattdeutsch, und ein plattdeutsches »Joh!« ist rechtsgültig.

Wo wir gerade beim Recht sind. Das Bundespatentamt in München muss auch Patentanmeldungen in Plattdeutsch annehmen. Sie werden zwar als »nicht in deutscher Sprache abgefasst« gewertet, sind aber gültig, wenn eine Übersetzung auf Hochdeutsch beiliegt. In Ostfriesland und anderen Landesteilen, in denen Plattdeutsch noch gesprochen wird, dürfen Ortsschilder auch den plattdeutschen Ortsnamen tragen. Ein Beispiel: Auf den Schildern der Stadt Aurich steht ebenfalls das plattdeutsche »Auerk«. Plattdeutsche Theaterstücke sind gut besucht, im Fernsehen gibt es seit kurzem in Niedersachsen einen plattdeutschen Frühschoppen, im Radio gibt es plattdeutsche Sendungen mit Kurzgeschichten, junge Musiker finden es mittlerweile cool, auch auf Plattdeutsch zu singen oder zu rappen. Zwei Bände des Bestsellers »Harry Potter« sind auf Platt erschienen, und auch junge Autoren haben wieder Lust, auf Platt zu schreiben. An Schulen werden Unterrichtsstunden oder Arbeitsgemeinschaften auf Plattdeutsch angeboten. An Universitäten wie in Oldenburg werden Lehrer auch für Plattdeutsch ausgebildet. Und die Verfassung von Niedersachsen gibt es selbstverständlich auch auf Platt. Das macht einmal mehr deutlich: Plattdeutsch ist viel mehr als ein Dialekt.

Wolfgang Lindow, Niederdeutsch. Grammatik, Leer 1998; Dieter Stellmacher, Niederdeutsch, Berlin 2000

Porzellan

Die älteste deutsche Porzellanmanufaktur befindet sich in Niedersachsen

Das »weiße Gold von der Weser« wird in Fürstenberg hergestellt. Herzog Karl I. von Braunschweig war es leid, sein Porzellan teuer aus Meißen zu beziehen. Was die können, kann ich auch, dachte er sich wohl. Sein Entschluss, eine eigene Porzellanmanufaktur zu gründen, stand fest. Und damit ist auch klar, dass Fürstenberg nicht die erste, sondern nach Meißen die zweite Herstellungsstätte edlen Geschirrs und feinster Figurinen in Deutschland war. Die Ministerpräsidenten des Landes Niedersachsen haben in ihrem Amtszimmer übrigens ein ↑Sachsenross aus Fürstenberg stehen. Leuchtend weiß, wie im Wappen des Landes.

Herzog Karl war grundsätzlich ein Mann der Tat. Schon vorher hatte er unter anderem ein Eisenwerk in Holzminden gegründet, in Grünenplan ließ er eine Spiegelglashütte bauen. Damit sorgte er dafür, dass es im damals recht armen Weserbergland neue Arbeit gab. Heute würde man so etwas als »Firmengründungen für innovative Techniken« bezeichnen.

Wie schon bei anderen Projekten war auch im Fall der Fürstenberger Porzellanmanufaktur Oberjägermeister Johann Georg von Langen derjenige, der die Idee des Herzogs in die Tat umsetzen musste. Am 11. Januar 1747 richtete er die Manufaktur im Jagdschloss in Fürstenberg ein und ließ für die benötigten Arbeiter Wohnungen bauen. Das war für die damalige Zeit herausragend. Quasi der erste Schritt in den Sozialstaat.

Die Bezeichnung »Porzellan« führt man zurück auf den italienischen Begriff für die »Kaurischnecke«, die auch »Porzellanschnecke« genannt wird. Nach Europa gebracht hat das Porzellan der italienische Handelsreisende Marco Polo. In seinen Reiseberichten erfuhr die Welt des Abendlandes erstmals von der Existenz des Porzellans. Er beschrieb die Einzigartigkeit des weißen und edlen Materials, das die Chinesen schon seit dem Jahr 620 als Tafelgeschirr benutzten. Im damaligen Europa aß man da noch aus Holzgefäßen oder von metallenen Tellern. Die Italiener glaubten, dass das von Herrn Polo mitgebrachte Geschirr aus den zu feinem Mehl zerriebenen Gehäusen der Kaurischnecke, italienisch »porcellana«, gemacht worden sei. Da wäre es hilfreich gewesen, sich bei den Chinesen zu informieren, wenn man deren Sprache verstanden hätte. Aber wer weiß, ob sie ihr Geheimnis freiwillig rausgerückt hätten.

Erst im Oktober 1708 gelang es Johann Friedrich Böttger und Ehrenfried Walther von Tschirnhaus in Dresden bzw. Meißen Porzellan herzustellen. Das erste in Europa übrigens. Denn die Italiener importierten ihr Porzellan lieber, als sich Gedanken über deren Herstellung zu machen. In Meißen entstand dann die erste Manufaktur Deutschlands, in Fürstenberg die zweite. Die Grundstoffe für Porzellan sind Kaolin, auch Porzellanerde genannt, Quarz und Feldspat. Die Mengenverhältnisse sind in jeder Manufaktur unterschiedlich und gelten als geheim. Das ist in Fürstenberg nicht anders. Auf dem Porzellan aus Meißen befinden sich als Firmensignet zwei gekreuzte Schwerter. Das Porzellan aus Fürstenberg kann der Käufer am großen und geschwungenen »F« auf allen Stücken erkennen.

Wer die Manufaktur im Schloss Fürstenberg besucht, dem wird mehr geboten als nur Porzellan. Vom Schloss aus hat man einen herrlichen Blick über die Oberweser. Die heutige Schlossanlage steht auf den Mauern einer Burganlage aus dem 13. Jahrhundert. Sie ist eine der schönsten der Weserrenaissance. Im Schloss ist ein Museum untergebracht, in dem alle Epochen und Stile der Entwicklung Fürstenberger Porzellans zu sehen sind. Wer mehr wissen will, der kann an »workshops« teilnehmen. Da wird dem Porzellanliebhaber beigebracht, wie Porzellan modelliert und bemalt wird. Für die Romantiker werden im »Hochzeitkabinett« die Eheringe getauscht. Und neben der Unterschrift auf den banalen Hochzeitsdokumenten wird das Ereignis durch einen Handabdruck der frischgebackenen Ehepartner in einer Porzellanform besiegelt. Sollte die Ehe, wider Erwarten, dann doch zu Bruch gehen, kann man es mit dem Andenken genauso machen. Scherben aus edlem Fürstenberger Porzellan bringen dann ja vielleicht noch ein zweites Mal Glück.

Gustav Weiß, Keramik-Lexikon, Bern u. a. 1998; Robert E. Röntgen, Deutsche Porzellanmarken von 1710 bis heute, München 2007; www.fuerstenberg-porzellan.com

Quakenbrück

Der Name »Quakenbrück« leitet sich von Fröschen ab

Ist doch alles Quark, das mit dem »Quak«. Zwar quaken Frösche, und das kann wirklich penetrant sein, aber deshalb benennt ja niemand eine Stadt danach. Und Quakenbrück hatte keine Froschplage zu verzeichnen. Zumindest ist davon nichts in den Annalen der Stadt verzeichnet.

Vielleicht sind die Menschen in Quakenbrück ja etwas »quakig«, also missgelaunt. Aber auch davon ist bei einem Besuch und näherer Betrachtung nichts festzustellen. Im Gegenteil, die Menschen in Quakenbrück sind freundlich und zuvorkommend. Quakenbrück ist eine Stadt im Landkreis Osnabrück. Sie ist als geschichtlicher, wirtschaftlicher und kultureller Mittelpunkt quasi die »Hauptstadt« des ↑Artlandes. Erstmals urkundlich erwähnt wurde der

Ort im Jahr 1235, damals noch als ↑Hanse- und Burgmannsstadt. Sie diente der Sicherung des Nordens für das Hochstift Osnabrück. Das Wappen der Stadt zeigt vermutlich eine Burg, die im 13. Jahrhundert auf einer Anhöhe hinter dem Marktplatz gestanden haben könnte. Das Kaulquappen oder Frösche zum Wahrzeichen der Stadt gemacht wurden, ist eher ein Werbegag. Auf dem »Poggenpad«, das ist Plattdeutsch (↑Platt) und bedeutet »Froschpfad«, kommt der Gast an den wichtigsten Sehenswürdigkeiten der Stadt vorbei. Den richtigen Weg erkennt der Besucher an den in die Bürgersteige eingelassenen Platten mit künstlerisch gestalteten Froschfußabdrücken.

Die Herkunft des Namens »Quakenbrück« beschreibt der Forscher und Historiker Hermann Rothert. Er geht davon aus, dass der Name Quakenbrück wie der Name des Stammes der Chauken vom angelsächsischen Wort »Cvacian« abstammt, was »Zittern« bedeutet. Auch die Religionsgemeinschaft der Quäker (»Zitterer«) verdankt ihren Namen dieser Herkunft; man nannte sie so wegen ihrer ekstatisch-zuckenden Bewegungen bei religiösen Versammlungen. Das englische »quagmire« und das jütische »kvag« bedeuten beide »Bebemoor«. »Quakenbrück« kann man also möglicherweise mit »Brücke über das bebende Sumpfgelände« übersetzen. Das hat auf jeden Fall nichts mit quakenden Fröschen zu tun.

Heiko Bockstiegel, Heinrich Böning, 750 Jahre Quakenbrück. Geschichtlicher Überblick, Quakenbrück 1998

Rattenfänger → Hameln

Remarque, Erich Maria

Erfolgsschriftsteller Erich Maria Remarque war Franzose

Es war einmal ein Buchbindersohn aus der Friedensstadt Osnabrück. Der hieß Erich Paul Remark. Er wurde 1898 geboren. Weil er als Schriftsteller arbeiten wollte, legte er sich mit dreiundzwanzig Jahren einen Künstlernamen zu. Französisch hört sich gut an, dachte er vielleicht. Aus Erich Paul wurde Erich Maria. Und weil er französische Vorfahren hatte, machte er aus dem »k« am Ende einfach ein »que«. Niemand konnte zu diesem Zeitpunkt seinen kometenhaften Aufstieg als Schriftsteller vorhersehen. Er hatte schon viele schreckliche Erfahrungen an der Front im Ersten Weltkrieg hinter sich. Als deutscher Soldat kämpfte er in den Schützengräben in vorderster Linie. Diese Erlebnisse hat er später in seinem Welterfolg »Im Westen nichts Neues« verarbeitet. Er wurde schwer verletzt, lag lange im Lazarett, bis er in seine Heimatstadt Osnabrück zurückkehren konnte. Wieder zu Hause, beendete er erstmal seine schon vor dem Krieg begonnene Ausbildung zum Lehrer. Danach unterrichtete er als Volksschullehrer. Zuerst in Lohne bei Lingen, dann in Nahne bei Osnabrück. Aber schon sehr schnell hatte er keine Lust mehr auf diese Jobs. Er quittierte den Dienst und schlug sich mit Gelegenheitsarbeiten durch. Er war unter anderem Buchhalter, Grabsteinverkäufer, Klavierlehrer und Organist. Gleichzeitig begann er, für verschiedene Osnabrücker Zeitungen und Zeitschriften zu schreiben. Außerdem wurde er Redakteur beim Magazin der Continental-Gummiwerke in Hannover. Zu den Frühwerken von Remarque zählen daher Gedichte wie dieses:

Ist das noch ein Gleiten oder schon ein Träumen?
Der Motor summt nur leise durch das Schweigen
Das sonnengoldig schlummert in den Bäumen
In denen Drosseln Maienlieder geigen
Und die von weißen Blüten überschäumen
Wie ein beglänzter, lichter Frühlingsreigen.
Wie Kissen federn weich die Contireifen
Durch dieses Zaubermärchen sanft den Wagen
Die Hand kann überall nach Blüten greifen
Und in den Augen lockt ein schelmisch Fragen
Wer möchte mit mir durch die Lande schweifen
Und Duft und Lenzesfreude heimwärts tragen?

1925 zog Remarque nach Berlin. Dort fing er als Sportredakteur an. Gleichzeitig schrieb er an seinem Roman »Im Westen nichts Neues«, der ihn bei Erscheinen 1929 auf einen Schlag berühmt machte. Wegen seiner schonungslosen Beschreibung der Kriegsgräuel hatte er im nationalistischen Lager aber auch schnell viele Feinde. Als im Herbst 1930 die amerikanische Verfilmung seines Buches in die Kinos kam, wurde die Uraufführung in Berlin von den Nazis massiv gestört. Der Film wurde später verboten.

In einigen gesellschaftlichen Kreisen galt Remarque von da an als »vaterlandsloser Geselle« und Nestbeschmutzer. Gleich nach der »Machtergreifung« durch die Nazis im Jahr 1933 wurden seine Bücher öffentlich verbrannt. 1938 wurde ihm sogar die deutsche Staatsangehörigkeit entzogen. Zu diesem Zeitpunkt wohnte er schon in der Schweiz. Ihm gelang die Flucht in die USA, deren Staatsbürgerschaft er 1947 annahm.

Remarque war also ein Deutscher und kein Franzose. Trotz der neuen Staatsbürgerschaft schrieb er weiterhin auf Deutsch. Aus den Staaten beobachtete er ganz genau, was in seiner alten Heimat vor sich ging. Im Laufe seines Lebens schrieb Remarque vierzehn Romane, viele Theaterstücke, Drehbücher, Kurzgeschichten, Gedichte und Reportagen. In seiner Zeit in den USA lernte der erfolgreiche Schriftsteller viele berühmte Persönlichkeiten kennen. Von 1937 bis 1940 war er mit der Schauspielerin Marlene Dietrich liiert. Die betrog ihn offenbar sehr oft. Für die Dietrich war das kein Problem, Remarque hat darunter wohl sehr gelitten. Das geht aus seinen Tagebuchnotizen und Briefen hervor. Der »niedersächsische Bauernkopf«, wie er von seinem Schriftstellerkollegen Harry Graf Kessler einmal genannt wurde, war fasziniert vom Leben in der Großstadt – gerade von dessen dunklen Seiten. In Berlin trat er gern als Dandy auf, in Paris und New York machte er es nicht anders. Bekannt war er für seinen starken Hang zum Alkohol. Einmal notierte er in sein Tagebuch: »Ich trank vor Schreck fast eine Pulle Kirsch leer.« In Niedersachsen hätte er heute vielleicht nicht zum Kirsch, sondern möglicherweise zum »Appelkorn« gegriffen (↑Wacholderhain). Und trotzdem, nach neuesten Erkenntnissen war er wohl nicht im tiefsten Inneren der Lebemann, als der er gern dargestellt wird. Seine Heimatstadt Osnabrück hat ihre Liebe zu ihrem berühmten Sohn erst spät entdeckt. Dafür umso inniger. 1964 reiste der damalige Oberbürgermeister eigens in den Wohnort von Remarque in der Schweiz. Dort überreichte er ihm die Justus-Möser-Medaille. 1967 bekam er das Große Bundesverdienstkreuz. 1971 beschloss der Stadtrat, eine wichtige Straße der Stadt in »Erich-Maria-Remarque-Ring« umzubenennen. 1986 wurde die Erich Maria Remarque Gesellschaft e. V. gegründet und 1996 das Erich Maria Remarque-Friedenszentrum mit einem Archiv. Seit 1991 wird alle zwei Jahre der Erich-Maria-Remarque-Friedenspreis verliehen. Und 2004 benannte sich eine Realschule der Stadt nach ihm.

Eine späte Genugtuung für den Schriftsteller. Er hat immer darunter gelitten, dass man ihm 1938 die deutsche Staatsangehörigkeit aberkannt hatte und sie ihm nie wieder angeboten wurde. Bis zu seinem Tod im September 1970 in Locarno war seine Heimatstadt Osnabrück offenbar immer fest in seinem Herzen verankert. Er hat sie nach dem Ende des Zweiten Weltkriegs noch dreimal besucht. Allerdings immer inkognito. Er wollte kein großes Aufsehen erregen.

Wilhelm von Sternburg, »Als wäre es das letzte Mal«, Köln 1998; Goetz Buchholz, Niedersachsen, Hannover 1998; Internationales Biographisches Archiv (Munzinger)

Roter Franz

Der »Rote Franz« ist ein bekannter Sozialdemokrat aus Niedersachsen

Es ist heute nicht mehr nachzuweisen, welche politische Einstellung der »Rote Franz« hatte. Denn der »Rote Franz« ist tot und das schon etwas länger. Er ist laut C14-Analyse zwischen 135 und 385 n. Chr. gestorben. Und einfach so gestorben ist er auch nicht, er wurde ermordet. Das weiß man heute so genau, weil der »Rote Franz« eine Moorleiche ist. Das Gute an Moorleichen ist, dass sie sich so lange in der Erde beziehungsweise dem Moor halten. Das liegt am sauren Milieu, das darin herrscht. Die Humin- und Gerbsäuren sind in der Lage, Haare, Fingernägel, Knorpel und auch die Haut zu gerben. Deswegen sehen die meisten Moorleichen auch so aus, als wären sie während eines Hochsommers gestorben, in dem sie ordentlich Bräune bekommen hatten.

Wenn die Moorleichen an unser heutiges Tageslicht geholt werden, dann müssen sie schnell konserviert werden. Sie hatten schließlich über mehrere Jahrhunderte Ruhe vor Bakterien, Pilzen, Mikroorganismen und Sauerstoff. Das mit dem Sauerstoff ist besonders skurril, denn den hätten sie kurz vor ihrem Tod so gut gebrauchen können. Heute läuft die Konservierung so, dass die Moorleichen erst einmal gefriergetrocknet werden. Dadurch schrumpfen sie zwar etwas, die Zersetzungsprozesse können allerdings nicht anlaufen. Polyethylenglykol sorgt dann dafür, dass der Schrumpfungsprozess minimiert wird.

Der »Rote Franz« ist auch als der »Mann von Neu Versen« bekannt. Neu Versen liegt im Emsland. Bernard Herbers hat ihn am 8. Juni 1900 zusammen mit seiner Schwester Anna beim Torfstechen entdeckt. Wie meistens bei Moorleichen war es ein Zufallsfund. Die beiden Geschwister waren ins Bourtanger Moor gegangen. Bernard hatte die oberste Schicht entfernt und dann mit dem Spaten gestochen. Als er auf Widerstand stieß, grub er mit den Händen nach und entdeckte den Toten. Vor Schreck flüchtete er mit seiner Schwester. Der Tote wurde dann geborgen, in einen Sarg gelegt und vor der Friedhofsmauer begraben. Schließlich wusste man ja nicht, ob der Tote ein guter und gläubiger Katholik gewesen war.

Erst fünf Monate später und auf Umwegen kam der »Rote Franz« zu wissenschaftlichen Untersuchungen im Provinzialmuseum Hannover an. Schnell wurde die Leiche aus dem Emsland ein Publikumsmagnet. Den Spitznamen »Roter Franz« bekam er wegen seiner roten Haare. Weil der Mann aus der Eisenzeit so lange im Moor gelegen hatte, konnte das Moorwasser seine komplette Körperbehaarung rotbraun einfärben. Das galt nicht nur für sein Kopfhaar. Auch der Backen-, Oberlippen- und Kinnbewuchs sowie die gesamte Schambehaarung sind rot.

Aber wer war der »Rote Franz«? Immer wieder ist die Moorleiche wissenschaftlich untersucht worden. Sein Alter wird auf fünfundzwanzig bis dreißig Jahre geschätzt. Das Geschlecht konnte durch den Bartwuchs und die Form des Beckens und des Schädels nachgewiesen werden. Als Franz gefunden wurde, war er circa 165 Zentimeter groß. Durch die unsachgemäße Lagerung schrumpfte er auf 146 Zentimeter. Die Wissenschaftler sind sich aber sicher, dass

Franz für seine Zeit ungewöhnlich groß war, nämlich zwischen 180 und 185 Zentimeter. Ein stattlicher Bursche also. Franz muss lange auf dem Rücken eines Pferdes zugebracht haben. Das zeigen sogenannte »Reiterfacetten«. Ein Bruch des rechten Schlüsselbeins war gut verheilt. Ansonsten war er kerngesund. Es konnten nicht einmal Spuren einer Mangelernährung gefunden werden. Der Zustand seines Gebisses würde jeden Zahnmediziner heute freuen: null Karies, null Parodontose. Das alles weiß man heute so genau, weil Franz so ziemlich jede Untersuchung durchlaufen hat, für die ein Kassenpatient ordentlich hätte zuzahlen müssen.

Als die beiden Emsländer Franz ans Tageslicht holten, fehlten ihm die Ohren. Entweder waren sie von Tieren abgefressen worden, bevor die Leiche komplett im Moor versunken war, oder man hatte sie ihm abgeschnitten. Und da sind wir auch schon bei der Todesursache. Denn freiwillig war Franz wohl nicht vom Pferd gestiegen und hatte sich zum Sterben ins Moor begeben. Franz war nackt und hat am Hals einen deutlichen Schnitt! Für die Wissenschaftler ergeben sich daraus zwei mögliche Szenarien. Zum einen könnte er das Pech gehabt haben, dass man ihn, zum Beispiel seiner Größe wegen, für ein perfektes germanisches Menschenopfer hielt. Dagegen spricht allerdings seine Lage im Moor. Zum anderen könnte Franz das Opfer eines Raubmordes geworden sein. Die Beschaffenheit der Beine zeigt ja, dass Franz ein Reiter war, was damals für die Bewohner des Emslandes sehr ungewöhnlich war. Vielleicht gehörte er als Söldner zu einer Truppe von Römern. Dann wäre er mit wertvollen Waffen unterwegs gewesen, also ein lohnendes Ziel für einen Angriff. Die gekrümmte Lage könnte darauf hindeuten, dass Franz gefesselt und dann ermordet wurde. Die Räuber könnten ihn so im Moor versenkt haben. Beweisen lassen sich diese Theorien aber nicht mehr. Wie auch immer es gewesen sein mag: Was anderen Menschen der damaligen Zeit verwehrt blieb, das erlebt Franz heute. Denn er reist durch die ganze Weltgeschichte. Er ist ein heißbegehrter und umworbener Mann. Regelmäßig wird er für Ausflüge zu Museen und Ausstellungen in der ganzen Welt präpariert. Da geht es zum Beispiel nach Assen in den Niederlanden oder Calgary und Ottawa in Kanada. Sicher ist nur, dass er immer wieder in den Schoß des Niedersächsischen Landesmuseums nach Hannover zurückkehrt. Da ist es jedenfalls wärmer und gemütlicher als im kalten und feuchten Moor des Emslandes.

Peter Pieper, Die Moorleiche von Neu Versen, Hannover 2001; Franz-Josef Böckermann, Der »Rote Franz« aus Neuversen, Eine Moorleiche erwacht zu neuem Leben, Haselünne 2003

Russland → Amerika

Sachsen → Niedersachsen

Sachsenross

Das Sachsenross war das Wappentier der mittelalterlichen Welfen

Es ist das Landeswappen der Niedersachsen: ein weißes, springendes Pferd auf rotem Grund. Schon seit dem 15. Jahrhundert glauben viele, das Sachsenross stehe für die ↑Welfen. Einige führten es auf den Sachsenherzog ↑Widukind zurück, andere auf die angelsächsischen Heerführer Hengist und Horsa, bei denen ein Pferd im Wappen plausibel erschien. Schon vor mehr als zweihundert Jahren haben Gelehrte allerdings diese Theorien als »alberne Mährchen« enttarnt. Dazu gehörte der Göttinger Historiker Christoph Gatterer. Er wies darauf hin, dass das Wappentier der Welfen ursprünglich ein Löwe war. Der berühmteste Welfe war nämlich Heinrich der Löwe und nicht Heinrich das Pferd.

Pferde sind in der Heraldik, also der Wappenkunde, sowieso sehr selten. Deshalb bleibt die Frage, wie das Pferd in das Wappen der Welfen und später der Niedersachsen gekommen ist. Und jetzt wird's kompliziert. Offenbar galt das Ross schon im späten Mittelalter als das traditionelle sächsische Wappentier. 1361 taucht es das erste Mal in einem Siegel auf. Von da an ist es regelmäßig Bestandteil des Wappens der Herzöge von Braunschweig-Lüneburg. Nicht als Hauptwappen. Da thront seit jeher der Löwe. Eher im oberen Teil, als sogenannte Helmzier. Den welfischen Herzögen ging es möglicherweise mit dem Pferd darum, ihren Rang als legitime Nachfolger der alten Sachsenherzöge zu unterstreichen. Der war nämlich nicht unumstritten.

Schließlich hatte Kaiser Karl V. in der Goldenen Bulle von 1356 den askanischen Herrscher von Sachsen-Wittenberg zum Kurfürsten erhoben und damit im Rang über die im eigentlichen Sachsen (↑Niedersachsen). Das Ross als Wappentier von Widukind sollte allen zeigen: Wir Niedersachsen sind die wahren Sachsen! Im 17. Jahrhundert »sprang« das Ross von der Helmzier in das eigentliche Wappen des Hauses Braunschweig. Gleichzeitig wurde es auch als Symbol für das Land immer populärer. Zu erkennen auch an dem seit 1649 geprägten Rosstaler. Der kam im ganzen Deutschen Reich in Umlauf. Außerdem tauchte das Ross immer öfter auf Pokalen, Medaillen, Ofenplatten und Gegenständen für den täglichen Gebrauch auf. Als Kurfürst Georg I. Ludwig von Hannover den englischen Thron bestieg, ließ er eine Medaille prägen, auf der das Sachsenross über den Ärmelkanal nach Großbritannien sprang.

Mitte des 19. Jahrhunderts wurde im Königreich Hannover neben dem großen Staatswappen, in dem sich das springende Ross noch den Platz mit dem traditionellen Löwen und anderen Details teilen musste, auch ein kleines Wappen verwendet. Auf einem roten Schild war erstmals das silberne Ross ganz allein zu sehen. Dieses Motiv wurde dann für amtliche Siegel, Münzen und Uniformknöpfe verwendet. Vielleicht prägte es sich ja deshalb so schnell als Zeichen des welfischen Staates ein. Ähnlich verlief auch die Entwicklung im Herzogtum Braunschweig. Nach dem Ende der Monarchien in Deutschland im Jahr 1922 wurde das »weiße Sachsenross im roten Felde« als Landeswappen des Freistaates Braunschweig festgelegt. In Hannover, das seit 1866 preußische Provinz war, galt erstmal der Preußenadler als Wappentier. 1881 wurde das Ross zum Wappentier der Provinz erhoben.

Nach dem Zweiten Weltkrieg zerfielen die historischen Länder Braunschweig, Hannover, Oldenburg und Schaumburg-Lippe. Das Land Niedersachsen wurde gegründet. Die Diskussion um das Landeswappen dauerte damals fast ein Jahr, und raus kam, wen wundert's, das weiße Ross auf rotem Grund. Der Kompromiss war jedoch, dass die Abbildung weder dem hannoverschen noch dem braunschweigischen zu sehr ähneln sollte. Und so springt das Niedersachsenross bis heute. Nicht nur auf offiziellen Flaggen und Briefbögen. Auch viele Unternehmen aus dem Land haben das Ross in ihre Logos eingebaut. Zum Beispiel die Continental AG, die Herrenhäuser Brauerei oder die VGH Versicherungen. Der Gebrauch des offiziellen Wappens bleibt selbstverständlich den staatlichen Stellen vorbehalten. Privatpersonen, die sich mit dem Land Niedersachsen sehr verbunden zeigen wollen, dürfen das »Niedersachsen-Zeichen« benutzen. Das wurde 2007 von der Landesregierung eingeführt. Es zeigt ein laufendes weißes Pferd in einem roten Oval. Dieses Pferd hat nichts mit dem Sachsenross zu tun. Es erinnert mehr an die lange und erfolgreiche Tradition der Pferdezucht in Niedersachsen (↑Pferdeland).

Historisches Museum Hannover (Hg.), Pferde. Niedersachsens Stärke, Hannover 2006; www.niedersachsen.de

Saterfriesisch

Saterfriesisch ist eine besondere Form der sächsischen Sprache

Saterfriesisch wird in der Gemeinde Saterland im Landkreis Cloppenburg gesprochen. Die Saterfriesen nennen ihre Sprache »Seeltersk«. Es ist die letzte noch übriggebliebene Varietät der ostfriesischen Sprache.

Nach Schätzungen beherrschen nur noch rund 2000 Menschen Seeltersk. Damit ist das Saterland eine der kleinsten Sprachinseln in Europa. Gesprochen wird es noch in den Orten Ramsloh (saterfriesisch Roomelse), Scharrel (Skäddel), Strücklingen (Strukelje) und Sedelsberg (Sedelsbierich). Das Saterfriesische ist eine eigene Sprache, die mit der westfriesischen Sprache und dem Nordfriesischen die friesische Sprachgruppe bildet. Alle drei Sprachen stammen vom Altfriesischen ab und sind vom Aussterben bedroht. Die friesischen Sprachen haben sich allerdings schon seit Jahrhunderten auseinanderentwickelt. Saterfriesisch ist am nächsten mit dem Friesisch von der Nordseeinsel Helgoland verwandt.

Ostfriesische Siedler haben wahrscheinlich um das Jahr 1100 ihre Heimat verlassen müssen. Grund dafür dürften Naturkatastrophen gewesen sein. In den friesischen und ostfriesischen Gebieten ging deren Ursprungssprache immer mehr zurück. Seit dem 16. Jahrhundert war dort das Niederdeutsche auf dem Vormarsch. Weil die Saterfriesen über Jahrhunderte hinweg wegen der zahlreichen Moore kaum Kontakt zu ihren Nachbarn hatten, blieben sie mit ihrer Sprache allein. Sie bewohnten Dörfer auf den Sandrücken der Moorlandschaft. Bis ins 19. Jahrhundert konnten die Dörfer fast ausschließlich mit dem Boot erreicht werden. Dazu musste man die Sagter Ems überqueren. Mit der folgenden Erschließung des Saterlandes wurde auch der Niedergang der eigenständigen Sprache eingeleitet.

Genau wie das Niederdeutsche ist auch das Saterfriesische durch die »Europäische Charta der Regional- und Minderheitensprachen« geschützt. Saterfriesisch ist außerdem als amtliche Sprache zugelassen. Mittlerweile lernen die Kinder des Saterlandes wieder die Sprache ihres einzigartigen Sprachraumes in der Schule. Die Sprachinsel ist nach wie vor auch für Sprachforscher sehr interessant. Der US-amerikanische Germanist Marron C. Fort gilt als einer der besten Kenner des Saterfriesischen. 1980 brachte er zusammen mit Hermann Dumstorf das »Saterfriesische Wörterbuch« heraus. Bis zum Jahr 2003 leitete der die »Arbeitsstelle Niederdeutsch und Saterfriesisch« an der Universität Oldenburg. Wer das Saterland besucht, der sollte auf keinen Fall versäumen, sich diese besondere Sprache anzuhören. Einen Saterfriesen, der seine Sprache noch beherrscht, werden Sie sicher finden.

Marron C. Fort, Das Saterfriesische, Tübingen 2001

Saurier

In Niedersachsen gab es keine Saurier

Das Land Niedersachsen ist noch sehr jung. Es gibt allerdings viele Spuren, die zeigen, dass sich schon Urtiere auf dem Gebiet des heutigen Niedersachsens sehr wohl gefühlt haben. Ein Beispiel ist der Steinbruch von Obernkirchen am Bückeberg im Weserbergland. Bei den Spuren handelt es sich offenbar um Fährten einer neuen Art von Raubsauriern. Wo »Raptor« hinten dran steht, gibt es vorne immer ein Maul mit Reißzähnen: Velociraptoren sind vogelartige Saurier. Lange war vermutet worden, dass diese Art überwiegend in Asien vorkam. Spuren wurden auch in Niger und den USA gefunden. Die Fährten von Obernkirchen sind deshalb eine Sensation. Ein Team des Landesmuseums Hannover konnte neunundvierzig Fußabdrücke nachweisen. Die Forscher arbeiteten ein Jahr im Steinbruch und untersuchten eine Fläche von rund 2000 Quadratmetern. Nicht nur die sensationellen Funde der »Beißer« kamen zum Vorschein. Es waren auch Iguanodons dabei, Allosaurier und andere. Hier befand sich offenbar eine Lagune, in der sich die Tiere aufhielten und bewegten. Für die Iguanodons konnte anhand der Trampelpfade nachgewiesen werden, dass die »Riesenviecher« Rudeltiere waren. Die Forscher schätzen die Spuren auf ein Alter von rund 140 Millionen Jahren. Nach einer Sturmflut hat viel Sand die Spuren bedeckt und so konserviert.

Auch in Münchehagen in einem Steinbruch in den Rehburger Bergen bei Hannover sind Spuren von Sauriern gefunden worden. Rund 250 Fußabdrücke von Pflanzenfressern, sogenannten »Sauropoden«, die auch »Elefantenfüßer« genannt werden. Fleischfresser haben sich ebenfalls dort aufgehalten. Vielleicht, weil sie wussten, dass die »Elefantenfüßer« nicht die schnellsten waren. Diese Spuren sind etwa 140 Millionen Jahre alt. In Münchehagen ist rund um die Dinosaurierspuren ein Erlebnispark eingerichtet worden.

Spuren von Dinosauriern gibt es außerdem noch in Barkhausen im Landkreis Osnabrück. Das Besondere an diesen Spuren ist, dass sie an einer fast senkrechten Felswand zu sehen sind. Sie stammen von Sauropoden und Theropoden. Entdeckt wurden sie an der Hunte bereits 1921. 1983 wurden die Forschungen ausgedehnt. Dabei konnten weitere Spuren entdeckt und freigelegt werden. Die Fußabdrücke deuten auf Tiere mit einer Länge von rund dreizehn Metern hin.

Der Tagesspiegel vom 12.9.2008; www.dinopark.de

Schafe → Lüneburger Heide

Schiefer Turm

Der schiefste Turm der Welt steht in Italien

Ach, wie schön ist Pisa! Damit ist nicht die Studie gemeint, die den Schülern in Niedersachsen und dem Rest der Republik einen mäßigen Bildungsgrad bescheinigt (↑Leibniz). Gemeint ist die italienische Stadt mit dem Turm, der schief in der Landschaft rumsteht. Der schiefste Turm der Welt! Das wurde zumindest lange Zeit behauptet. Dabei stimmt das gar nicht. Die Ostfriesen in Suurhusen bei Emden waren nur all die Jahre zu bescheiden, um den extremen Schiefstand ihres Turms an die große Glocke zu hängen.

Der schiefe Turm von Suurhusen gehört zur evangelisch-reformierten Gemeinde Suurhusen-Marienwehr. Während der kriegerischen Zeiten und der Sturmfluten vergangener Jahrhunderte diente die Kirche oft als Zufluchtsort. Wie viele andere Kirchen in Ostfriesland hat die in Suurhusen einen Festungscharakter. Wer genau hinsieht, der entdeckt im Gemäuer Öffnungen, die an Schießscharten erinnern (↑Klootschießen). Wie aufregend die Geschichte sein kann, zeigt das Beispiel eines Schiffes, das während der Weihnachtsflut 1717 bis auf das Kirchengelände gespült wurde. Zwei Wochen später kam die nächste Flutwelle, machte das Schiff wieder flott, und es konnte bis zur Ems zurückgeschleppt werden.

Der schiefe Turm stand nicht immer an der Kirche. Er wurde im Jahr 1450 an die schon bestehende turmlose Kirche angebaut. Die Gegend in Ostfriesland ist sehr morastig. Den Turm einfach auf den Grund zu bauen wäre fahrlässig gewesen. Deshalb rammte man viele Eichenstämme in den Boden. Dieses Holzfundament trägt seitdem den Turm. 1885 bemerkten die Dorfbewohner zum ersten Mal, dass irgendetwas mit dem Turm nicht stimmt. Er stand schief. Grund dafür war die Entwässerung der umliegenden Ländereien. Dadurch trockneten die Eichenstämme langsam aus und begannen zu modern.

Trotz zahlreicher Gegenmaßnahmen neigte sich der Turm immer weiter. 1975 musste die Kirche für die Öffentlichkeit gesperrt werden, 1982 wurde die Orgel verkauft. Erst durch private Initiative konnte das Fundament im gleichen Jahr freigelegt und mit viel Stahl und Beton verfüllt werden. Am 14. Oktober 1985 feierte die Gemeinde dann endlich wieder den ersten Gottesdienst in dem Gotteshaus. Durch einige weitere Sanierungsmaßnahmen gilt der Turm von Suurhusen seit den 1990er Jahren als sicher.

Seitdem steht er genauso schief in der Landschaft, wie Gott es gewollt hat. Durch den Überhang von 2,47 Metern bei einer Turmhöhe von 27,37 Metern hat sich der Turm von Suurhusen um 5,19 Grad aus der Senkrechten geneigt. Die Neigung des Turms von Pisa beträgt 3,97 Grad. Damit ist klar: Der schiefe Turm von Suurhusen ist schiefer als der von Pisa. Deshalb hat er auch den Eintrag »Schiefster Turm der Welt« ins Guinness-Buch der Rekorde bekommen und verdient. Also, Finger weg und nicht begradigen.

Chronik der Schiefen Kirche von Suurhusen, 2009; Süddeutsche Zeitung vom 8.11.2007

Schiffe

Große Schiffe können nur an der Küste gebaut werden

Das beste Beispiel für eine lange Schiffbautradition im Binnenland ist die der Meyer Werft in Papenburg. Heute werden dort luxuriöse Kreuzfahrtschiffe vom Feinsten gebaut, aus Stahl, riesengroß. Den Anfang machte die Werft 1795 mit dem klassischen Holzschiffbau. Es ging ja auch nicht anders, schließlich war Stahl noch gar nicht verfügbar. Und die Meyer-Werft war nicht die einzige Werft in Papenburg an der Ems. 1920 gab es davon noch zwanzig weitere in der Stadt. Die Meyer-Werft ist allerdings die einzige, die die Wirren des 20. Jahrhunderts mit den beiden Weltkriegen und den folgenden wirtschaftlichen Veränderungen überlebt hat. Bevor die Kreuzfahrtschiffe vom Stapel liefen, wurden bei Meyer vor allem Fähren, Fischdampfer, Lotsenboote, Feuerboote oder Schiffe für die Küstenfahrt hergestellt. Später stiegen die Werftinhaber in das Geschäft mit Autofähren, Containerschiffen und großen Passagierfähren ein. Das familiengeführte Unternehmen erkannte immer die Zeichen der Zeit. Rechtzeitig wurde der Standort der Werft aus der Innenstadt an die Peripherie von Papenburg verlegt. Die »Alte Werft« ist heute ein Veranstaltungszentrum mit Hotel. In den 1980er Jahren konzentrierte sich dann alles auf Kreuzfahrtschiffe. Die »Homeric« war das erste Kreuzfahrtschiff, das vom Stapel lief. Das war 1985.

Die Schiffe werden bei Meyer in »Sektionen« gebaut und dann zusammengefügt. Danach werden sie von innen ausgebaut. Viele Firmen aus der Umgebung sind daran beteiligt und auf den Bau dieser Boliden spezialisiert. Die Fertigung findet im größten überdachten Baudock der Welt statt. Wenn die Schiffe die Hallen verlassen, schwimmen sie neben den Docks im Becken der Werft. Spätestens dann sind sie ein Objekt der Begierde für Zehntausende Kreuzfahrtfans und Fotografen. Wenn die Überführung der Schiffe nach Eemshaven in den Niederlanden ansteht, gibt es kein Halten mehr. Die Schiffe werden dann durch eine Schleuse in die Ems entlassen. Ein atemberaubendes Beispiel für niedersächsische Ingenieurskunst. Wenn die Riesen über die Ems fahren, sieht es aus, als bewegte sich ein 20-stöckiges Hotel auf dem Wasser. In Weener wird für die Passage eigens ein Teilstück der Eisenbahnbrücke von einem riesigen Kran ausgehängt. Das Sperrwerk in Gandersum sorgt dafür, dass im Zweifel ausreichend Wasser aufgestaut wird. Die Ems ist für die Schiffe über Jahre ausgebaggert worden. Was für die einen ein Spektakel ist, ist für viele Naturschützer ein Frevel am Fluss. Die Schiffe der Meyer-Werft sichern Tausende von Arbeitsplätzen in der Region. Hier treffen die Interessen von Wirtschaft und Naturschutz hart aufeinander.

Große Unternehmen ordern in Papenburg. Einige der bekanntesten sind die Royal Caribbean Cruise Line, die Norwegian Cruise Line, Celebrity Cruises oder die AIDA Cruises. Die Schiffe sind auf allen Weltmeeren zu Hause. Ein besonderes Schiff der Meyer-Werft ist die »Graf Goetzen«. Sie wurde 1913 in Papenburg gebaut, in ihre Einzelteile zerlegt und am »Tanganjikasee« in Ostafrika wieder zusammengebaut. Das Schiff fährt dort noch heute. Bekannt wurde es durch den Film »African Queen« mit

Humphrey Bogart und Katherine Hepburn. Das Schiff läuft dabei auf Torpedos, die in dem gekenterten Bogart-Schiff angebracht sind. Es gibt Bemühungen, das Schiff zu kaufen und nach Papenburg zurückzuholen. Dazu müsste es beim Transport allerdings den umgekehrten Weg aus Zerlegen und Zusammenbauen gehen. Die Kosten dafür wären enorm hoch.

Die Schiffe der Meyer-Werft sind ein Beweis dafür, dass die Riesen der Meere nicht zwingend direkt an der Küste gebaut werden müssen.

Hans-Jürgen Witthöft, Meyer-Werft – Innovativer Schiffbau aus Papenburg, Hamburg 2005;www.meyerwerft.com

Schnackenburg

Schnackenburg ist der Ort in Niedersachsen, in dem am meisten gequatscht wird

Geredet wird ja überall. Ein alter Spruch in vielen Teilen Niedersachsens lautet: »Ich kann drei Sprachen, Hochdeutsch, Plattdeutsch und über andere Leute!« Insofern wird in Schnackenburg sicher auch viel geredet, nur eben nicht mehr oder weniger als anderswo. Manchmal wird hier viel heiße Luft geredet, über die Nachbarn, Politiker, Schauspieler, den Bürgermeister, die Frau des Apothekers und so weiter und so weiter. Und in Schnackenburg erst recht, weil da schnackt man ja auch platt (↑Platt).

Wenn im Radio ein Moderator den Ort »Schnackenburg«, also mit einem scharfen »k« ausspricht, kann er sich sicher sein, dass es keine fünf Minuten dauert, bis es Anrufe hagelt. Der Ort wird zwar so geschrieben, ausgesprochen allerdings anders. Das »a« nach dem »n« wird lang gezogen und das »ck« wie ein einfaches »k« ausgesprochen. Also eher »Schnaakenburg«. Und schon sieht die Sache mit dem Quasseln wieder ganz anders aus. Denn »Schnackenburg« wird zurückgeführt auf die beiden Worte »Snaak« für Schlange und »Borg« für Burg. »Schlangenburg« wäre also die richtige Übersetzung. Da wundert es dann doch, dass im Wappen der Stadt ein Adler seine Flügel spreizt.

Zu den Fakten. Schnackenburg gehört zur Samtgemeinde Gatow und ist die östlichste Gemeinde in Niedersachsen. Sie liegt im Landkreis Lüchow-Dannenberg direkt an der Elbe. Schnackenburg hat gerade mal rund sechshundert Einwohner und besitzt das Stadtrecht. Damit gehört der Ort zu den kleinsten Städten in Deutschland. Schnackenburg liegt im Urstromtal der Elbe. Bis zum Fall der Mauer war es Grenzstadt und Zollstation. Es gab einen Kontrollpunkt für den Transit- und Wechselverkehr mit der DDR. 1990 wurde die alte Fährverbindung auf die andere Seite der Elbe nach Lütkenwisch in Brandenburg wieder aufgenommen. Durch die Grenzlage ist die Natur um Schnackenburg recht unberührt. Hier finden sich noch viele seltene Pflanzenarten. Der Seeadler und der Schwarzstorch sind hier noch häufig zu sehen.

Also, gut, dass hier darüber gesprochen, äh, geschnackt wurde.

Gerhard Eckert, Niedersachsen von A bis Z, Hannover 1993

Schröder, Gerhard → Palmen

Schützenvereine

Niedersachsen hat die meisten Schützenvereine

Deutschland ist ein Land der Sportschützen, und Niedersachsen ist das Zentrum. Das könnte man denken. Schließlich gibt es kaum einen Ort in Niedersachsen, der keinen Schützenverein hat. Das Schützenfest in Hannover ist sogar das größte der Welt. Es ist außerdem eines der meistbesuchten Volksfeste in Deutschland. Schließlich kommen regelmäßig rund 1,5 Millionen Besucher auf das Festgelände in der Nähe des Maschsees. Davon dürfte allerdings nur der kleinste Teil mit Pfeil und Bogen oder einem Gewehr umgehen können. Das Schützenfest ist eher ein willkommener Anlass, im Juli jeden Jahres Karussells, Fahrgeschäfte, Bierzelte und Pommesbuden zu stürmen.

Der Ursprung des Schützenfestes in Hannover ist eigentlich nur noch beim traditionellen Schützenausmarsch zu erkennen. Dann zieht sich ein kilometerlanger Wurm aus Schützen, Spielmannszügen, Uniformen, Trachten und Wagen durch die Innenstadt. An diesem Tag sollte man sein Auto zu Hause stehenlassen, dann geht in der Innenstadt nichts mehr. Wer sich die Schützen ansieht, wie sie marschieren und auf die zackigen Befehle der Hauptmänner hören, dem wird schnell klar, wo das Schützenwesen seinen Ursprung hat. Im Mittelalter gab es noch kein Heer, das zu jeder Zeit einsatzbereit war und auf einen Angriff reagieren konnte. Die wehrfähigen Männer einer Stadt schlossen sich deshalb zu Schützengilden zusammen. Sie trafen sich regelmäßig zum Üben. Dabei legten sie Pfeile auf eine Armbrust und zielten. Dieses Üben wurde den Gildenmitgliedern allerdings in Friedenszeiten auf die Dauer zu langweilig. Deshalb verabredeten sie sich zu Wettbewerben mit anderen Gilden. Daraus hat sich im Laufe der Zeit das Schützenfest entwickelt. Und weil ein Wettkampf auch einen Sieger braucht, wurde der beste Schütze zum Schützenkönig ernannt. Heute wird der Schützenkönig in vielen Vereinen auf Scheibe ausgeschossen. Den Titel erringt also, wer die höchste Punktzahl beziehungsweise die meisten Ringe geschossen hat. Früher musste der Schütze den »Vogel abschießen«. Noch heute wird hier und da auf einen hölzernen Vogel geschossen, der an einer Stange befestigt ist. Wer den letzten Teil des Vogels oder auch die Krone so trifft, dass das Holzteil runterfällt, der bekommt die Krone aufgesetzt. In Hannover waren es im 15. Jahrhundert Holzpapageien, auf die mit einer Armbrust angelegt wurde. Feuerwaffen gab es erst später. Der Schützenkönig bekam auch einen Preis. In frühen Zeiten war es oft die Befreiung von den Steuern. Das dürfte gern wieder eingeführt werden. Die Zahl der Schützen in Niedersachsen würde dadurch sicher wieder ansteigen. Derzeit ist genau das Gegenteil der Fall – es werden immer weniger. Heute sind die Schützenvereine oft »Seniorenmannschaften«. Noch geht's allerdings. Ende 2009 gab es in Deutschland mehr als 15 000 Schützenvereine mit rund 1,4 Millionen Mitgliedern.

Wer jetzt glaubt, dass es die meisten davon in Niedersachsen gibt, der wird enttäuscht. Niedersachsen liegt mit 1714 Vereinen und 184 000 Schützen auf Platz zwei. Und wie auch schon an anderen Stellen in diesem Buch liegen die Bayern mal wieder auf Platz eins. Und die sind weit vorn: 4724 Vereine gibt es da mit beinah 478 000 Mitgliedern. Damit haben nicht die Niedersachsen, sondern wieder mal die Bayern, zumindest zahlenmäßig, den Vogel abgeschossen.

www.dsb.de/dsb/mitglieder; de.statista.com

Seeltersk → Saterfriesisch

Seen

In Niedersachsen sind alle Seen auch Seen

Wer nach Niedersachsen kommt, der weiß, dass Niedersachsen am Meer liegt. Die niedersächsische Nordseeküste ist sogar geadelt worden. Das Wattenmeer an der Nordsee gehört seit Juni 2009 zum Weltnaturerbe der UNESCO. Und da merkt man es schon, das Wattenmeer liegt an der Nordsee. Dabei ist die Nordsee ein Meer und kein See.

Wer dann von der Nordsee, die eigentlich ein Meer ist, ins Binnenland fährt, wird völlig verwirrt. Denn da, wo man Seen erwartet, weil man nicht mehr am Meer ist, entdeckt das Auge immer wieder Meere. Das »Bansmeer« bei Emden, das »Große Meer« bei Aurich, das »Ewige Meer« bei Holtriem, das »Bookzetelermeer« bei Moormerland, das »Ihler Meer« bei Ihlow, das »Loppersumer Meer« in Südbrookmerland, das »Steinhuder Meer« bei Wunstorf, das »Timmeler Meer« bei Großefehn und das »Zwischenahner Meer« bei Bad Zwischenahn.

Was auffällt, ist, dass alle Meere, bis auf das Steinhuder Meer, das der größte See in Niedersachsen ist, im Norden des Landes liegen. Das Steinhuder Meer ist so groß, dass der Betrachter es tatsächlich für ein Meer halten könnte. Die kleinen Seen wie das Große Meer oder das Ewige Meer sind dem echten Meer, der Nordsee, viel näher. Vielleicht war es die Sehnsucht der Menschen, die nie zur See fahren konnten, also nicht die Weltmeere und neue Kontinente für sich entdeckten, die aus einer Mücke einen Elefanten machten, also aus einem See ein Meer und aus dem Meer die See.

Selbst die Anwohner des Bodensees sind nicht darauf gekommen, aus ihrem See ein Meer zu machen. Und die hätten allen Grund dafür, denn der Bodensee ist der größte Binnensee Deutschlands. Und es heißt ja auch Mecklenburger Seenplatte und nicht Meeresplatte. Die Niedersachsen sind da anscheinend schon ein ganz eigensinniges Völkchen. Seh'n wir mal, ob bei den ganzen Seen noch mehr Meere herauskommen.

http://www.seen.de/seebi/bundesland/Niedersachsen.html

Störtebeker, Klaus

Klaus Störtebeker war ein echter Niedersachse

Die Legende will es, dass Klaus Störtebeker irgendwo in der Nähe von Rotenburg an der Wümme das Licht der Welt erblickt hat. Die Wiege des Raufbolds und Seeräubers wird jedoch tatsächlich eher in der Hansestadt Wismar vermutet. In einem Haftbuch der Festung Wismar ist ein »nicolao stortebeker« eingetragen. Der soll gemeinsam mit einem Freund einem Mann während einer Schlägerei ein paar Knochen im Leibe gebrochen haben. Nach dem Austausch dieser handfesten Zärtlichkeiten hieß es für beide: Koffer oder Seesack packen und raus aus der Stadt. Dass das der Grund für die später doch sehr ausgeprägte Feindschaft des Seeräubers gegenüber der ↑Hanse gewesen sein könnte, kann man nur vermuten.

Mindestens genauso unbekannt wie die wirkliche Geburtsstätte des Klaus oder auch Klaas oder Claas Störtebeker ist der Zeitpunkt seiner Geburt. So um das Jahr 1360, wird angenommen, könnte es gewesen sein. Und auch der Tag seines Ablebens kann offenbar nur vermutet werden. Vielfach wird der 20. Oktober 1401 genannt, aber auch September und Oktober 1400 tauchen auf.

Mit der Abstammung ist das so eine Sache. Störtebeker könnte der Sohn eines Fischers aus Wismar gewesen sein. Eine andere Theorie besagt, er habe eine adelige Herkunft gehabt (↑Adel). Danach ist Störtebeker einer der letzten Herren von Alkun, einer Familie mit Stammsitz bei Barth in der Nähe von Stralsund im heutigen Landkreis Nordvorpommern. Die Familie hatte auch das Braurecht. Deshalb könnte der Name Störtebeker ein Deckname für den Piraten gewesen sein. Und der Name passt auch noch aus anderer Sicht zum Klaus. Störtebeker bedeutet »Stürz den Becher«. Als Bierbrauer dürfte Klaus »Stürzdenbecher« sehr trinkfest gewesen sein. Er konnte der Legende nach einen Vier-Liter-Humpen in einem Zug leer machen.

Die Hanse oder besser die Schiffe oder noch besser die Waren auf den Schiffen der Hanse hatten es in jedem Fall dem Seeräuber und seinen Kumpanen angetan. Die Koggen wurden regelmäßig von Störtebeker und seinen »Liekedeelern« überfallen und ausgeraubt. »Lieke deelen« bedeutet »Aufteilen zu gleichen Teilen«. Das wird der schlaue Seemann wohl nicht ganz eingehalten haben. Doch galt er nicht als knauserig gegenüber seinen Kampfgenossen und den Menschen, die ihm halfen.

Die Truppe um den Seeräuber Störtebeker wird auch als die »Vitalienbrüder« bezeichnet. Eine Bruderschaft mit hohem Konfliktpotenzial und ausgesprochen rauen Sitten. Weil sie bei ihren Beutezügen nicht nur wertvolle Gegenstände raubten, sondern auch Lebensmittel, also Vitalien, kann angenommen werden, dass sie diese Vitalien mit den Menschen teilten, bei denen sie nach ihren Beutezügen Unterschlupf fanden. Der Ursprung für den Erfolg der »Vitalienbrüder« liegt nicht in der Genialität ihres Anführers. Wäre er nicht von ganz oben unterstützt worden, er hätte seine Berühmtheit wohl nicht erlangt. Dazu nur so viel in aller Kürze. Nach dem Tod des Dänenkönigs Waldemar IV. im Jahr 1375 wurde der Sohn von Waldemars jüngster Tochter zum Herrscher gekürt. Irgendjemandem muss dabei wohl völlig durchgerutscht sein, dass auch die älteste

Tochter einen Sohn hatte. Dessen Großvater wiederum war Albrecht II., Herzog von Mecklenburg. Der fand das ungerecht und zog gegen Dänemark in den Krieg. Weil Albrecht seine Marine nicht hochgerüstet hatte, fehlten Schiffe und Soldaten. Die schlichte und gleichzeitig geniale Idee: Warum nicht einfach Seeräubern auf der Ostsee einen Kaperbrief geben, um die eigenen Interessen durchzusetzen? Die verrichteten gute Dienste, hatten aber nach dem Ende des Krieges überhaupt keine Lust, auf die Einkünfte und das freie Räuberleben zu verzichten. Und so kam es, dass Störtebeker und seine Mannschaft auch ohne Kaperbrief ihre mittlerweile illegalen Kaperfahrten fortsetzten. Während sie anfangs nur dänische und norwegische Schiffe aufbrachten, wurde ihm das irgendwann egal. Alles, was auf den Meeren herumfuhr und nach Beute aussah, wurde angegriffen. Fette Beute für die »Liekedeeler«. Die Schiffe gehörten zum großen Teil den Mitgliedern verschiedener Handelsbünde wie der Hanse oder preußischen Händlern, die vor allem auf der Ostsee mit ihren Schiffen Handel betrieben. Nachdem nun die Seeräuber keinen Schutz mehr bei den Herrschern der ehemals verfeindeten Länder fanden, wurde gehandelt. Der Deutsche Orden nahm die Sache in die Hand, die Seeräuber konnten aus der Ostsee vertrieben werden.

Weil es keine Welt ohne Konflikte gibt, hatten die »Vitalienbrüder« schnell wieder neue Jobs. Diesmal im heutigen Niedersachsen. Die ostfriesischen ↑Häuptlinge, die Stammesfürsten an der Nordseeküste, waren sich nicht grün. Und weil die Störtebeker GmbH schon anderswo gute Dienste geleistet hatte, kamen sie den Ostfriesen gerade recht. Die hatten nicht nur Stress untereinander, sondern auch mit den Niederländern. Und weil die »Liekedeeler« auf den Meeren immer ganze Arbeit geleistet hatten, wurde aus den eigentlich regionalen Fetzereien ein quasi internationales Problem. Störtebeker, sein Kumpel Gödeke Michels und die anderen Jungs legten sich ins Zeug. Alles was Segel hatte, wurde angegriffen. Die Waren der Lübecker, Bremer, Hamburger und vieler Schiffe, die mit den Hansestädten Handel trieben, wanderten unter Deck der Piratenschiffe. Basis für die Raubzüge der finsteren Gesellen waren die Häfen vor allem an der niedersächsischen Nordseeküste. Von der Gegend des heutigen Wilhelmshaven bis nach Emden sollen sie ihr Schiff sicher angelegt haben. Marienhafe spielt dabei eine besondere Rolle. Dort soll Störtebeker die Tochter des friesischen Häuptlings Keno ten Brook geheiratet haben. Der Turm der Marienkirche wurde später zum Teil abgebrochen. Heute liegt Marienhafe im Binnenland, und der Störtebekerturm ist ein touristisches Ausflugsziel.

Die ↑Hanse wehrte sich. Als die Drohungen gegen die Ostfriesen und Friesen nicht fruchten wollten, stellten Hamburg, Bremen und Lübeck eine kleine Armada zusammen. 1399 ging es von Hamburg aus in die Westerems. Die Piraten flohen in die Osterems, danach an Land, die Truppen der Hanse immer auf den Fersen. Die Piraten wurden gestellt, und in der ersten Schlacht verloren sie viele Kämpfer. Die Hansekräfte zogen dann von Emden gegen die Piratennester. Schloss Larrelt, Wittmund und Loquard wurden besetzt oder zerstört. Störtebeker konnte mit einem Haufen seiner »Vitalienbrüder« fliehen und wurde erst 1400 oder 1401 festgesetzt. Egal, wann er seinen Kopf verlor. Die überlieferte Art und Weise ist es, die heute noch wildeste Bilder in der Fantasie erzeugt. Auf einer Wiese an der Elbe, dem Grasbrook in Hamburg, kam das Ende für die Piratenbande. Bevor der Henker sein Beil an den Hälsen der »Liekedeeler« ausprobierte, hatte der Piratenkapitän noch eine Bitte. Es sollten die Mitstreiter verschont werden, an denen er kopflos vorbeigehen könne. Die Bitte wurde gewährt, der Kopf vom Hals getrennt. Dreizehn seiner Gefährten konnten ihm zwar nicht mehr in die Augen sehen. Sie sahen ihren Hauptmann aber an sich vorbeischreiten. Dann soll eine trauernde Witwe, die ihren geliebten Mann bei Kämpfen gegen Störtebeker verloren hatte, dem kopflosen Seeräuber ein Bein gestellt haben. So endete die Karriere des Klaus Störtebeker.

Matthias Puhle, Die Vitalienbrüder: Klaus Störtebeker und die Seeräuber der Hansezeit, Frankfurt am Main 1994

Summm, summm, summm ... → Nationalhymne

Tee

Nirgendwo auf der Welt wird mehr Tee getrunken als in Niedersachsen

Wenn man Niedersachsen als Ganzes betrachtet, ist diese Annahme tatsächlich ein Irrtum. Während in ganz Niedersachsen eher das ↑Bier das Nationalgetränk ist, kann in Ostfriesland eindeutig vom Tee gesprochen werden. Tee ist Kulturgeschichte vom Feinsten in der Region zwischen Leer und Emden, Aurich und Wittmund und auf den ↑ostfriesischen Inseln. Ostfriesland für sich genommen, hatte 2008 den weltweit höchsten Teeverbrauch pro Kopf. Und das will was heißen, denn die Teekulturen in den asiatischen und mittlerweile auch einigen afrikanischen Ländern sind nicht zu unterschätzen. Jeder Ostfriese hat im Jahr 2008 rund 290 Liter Tee getrunken. Das ist das Zwölffache des Verbrauchs im Rest der Bundesrepublik.

Und welchen Tee trinken die Ostfriesen? Natürlich »Ostfriesentee«. Der besteht in der Hauptsache aus Assam-Sorten. Bevor es aber mit dem Tee weitergeht, kommt erst mal ein wenig Geschichte. Die Ostfriesen waren, wie der Rest der Niedersachsen in früheren Jahrhunderten auch, auf Bier getrimmt. Das lag allerdings nicht ausschließlich daran, dass die Ostfriesen echte Trinker waren. Der Grund lag vielmehr in der miserablen Qualität des Wassers. Durch das Brauen von Bier konnte man das umgehen. Heißes Wasser an sich schmeckt ja nicht.

Im 17. Jahrhundert fängt die Teetradition der Ostfriesen an. Der Tee kam damals von der Ostindien-Kompanie der Niederländer. Die hatten in Asien Handelskontore eingerichtet und den Tee nach Europa gebracht. 1610 landete erstmals eine Lieferung in Ostfriesland an.

Zuerst wurde der Tee noch als Heilmittel gehandelt, vielleicht auch gegen die Kopfschmerzen, die zu hoher Bierkonsum verursachte. Um das Jahr 1720 gab es dann schon einen regen Teehandel mit den Ostfriesen. Im 18. Jahrhundert hatte der Tee, übrigens zusammen mit der Kartoffel, seinen Siegeszug vollzogen. Einen Dämpfer bekamen die Teeliebhaber während der Kontinentalsperre durch Napoleon zwischen 1806 und 1814. Da waren die Schmugglerqualitäten der Norddeutschen wieder gefragt. Eng wurde es dann noch mal während der beiden Weltkriege, denn in dieser Zeit wurde die Teemenge zugeteilt. Nach dem Zweiten Weltkrieg fuhren die Ostfriesen sogar in den Ruhrpott. Mit Speck, Butter und Eiern beladen, tauschten sie die Nahrungsmittel gegen Tee.

Der Ostfriese trinkt seinen Tee in der Regel nicht aus einfachen Tassen und schon gar nicht aus Pötten. Zur Teekultur gehört edles ↑Porzellan. Schon früh wurde es, ebenfalls von der Niederländischen Ostindien-Kompanie, eingeführt. Damals in solchen Mengen, dass es heute noch Porzellan aus dieser Zeit in ostfriesischen Haushalten gibt. Weit verbreitet sind dabei zwei Dekore. Die »Rote Rose« und die »Blaue Zwiebel«. Zum Teegeschirr gehören die Kanne (Treckpott), die Teedose (Teebüss), die Tassen (Koppen oder Kopkes). Dazu ein Stövchen, in der Regel aus Messing. Diese wurden von Schmieden handgearbeitet, wenn das eigentliche Geschäft vor allem im Winter nicht lief. Sahnelöffel und Zuckerzange für die großen Kandiszuckerstücke (Kluntjes) kamen später hinzu.

Drei Tassen Tee sind übrigens »Ostfriesenrecht«. Der Gast bekommt mindestens drei Tassen Tee eingeschenkt. Diese abzulehnen gilt als äußerst unhöflich. Danach bekommt er so oft nachgeschenkt, bis er den Teelöffel in die Tasse stellt. Die Zeremonie der »Teetied« ist dem Ostfriesen auch heute noch sehr wichtig. Die Ostfriesenmischung wird dazu in die Teekanne gegeben, die vorher mit siedendem Wasser ausgespült wurde. Die Formel ist ganz einfach: ein Löffel pro gedeckter Tasse und einen extra für die Kanne. Die Kanne wird zur Hälfte mit kochendem Wasser gefüllt und der Tee bei geschlossener Kanne drei bis vier Minuten ziehen gelassen. Danach wird die Teekanne ganz mit Wasser aufgefüllt, der Tee ist fertig. Er wird dann durch ein Sieb in die Tassen gefüllt. Vor dem Einschenken wird ein Kluntje in die Tasse gelegt. Der Tee wird nur bis zur Hälfte der Tasse aufgefüllt. Der Kluntje muss dabei knistern. Danach wird mit dem Sahnelöffel Teesahne vorsichtig am Rand der Tasse eingefüllt. Nicht zu viel, denn sonst kann die Sahnewolke (Wulkje) nicht entstehen. Der Tee wird nicht umgerührt. Zuerst wird die Sahne abgetrunken, dann der etwas bittere Tee, bevor am Ende als Belohnung der süße Grund wartet. Diese Tradition stammt noch aus der Zeit, als der Zucker knapp und teuer war. So konnte man mehrere Tassen Tee mit einem Kluntje süßen.

Die Hauptteetied ist um 15 Uhr. Zum Tee wird auch ein wenig Gebäck gereicht oder mit Butter beschmiertes Rosinenbrot. Für die kleinen Teepausen zwischendurch ist immer Zeit. Am Vormittag zum Beispiel das »Elführtje«, der Elfuhrtee.

In Ostfriesland gibt es drei große Teeproduzenten: Bünting in Leer, Thiele in Emden und Onno Behrends in Norden. Diese Firmen beschäftigen ausgebildete Teetester. Sie müssen aus den asiatischen Sorten, die in jedem Jahr geschmacklich unterschiedlich ausfallen, die typische Ostfriesenmischung kreieren. Dabei machen sie es ähnlich wie Weintester. Sie schlürfen die verschiedenen Mischungen, verkosten sie und spucken sie dann in einen Eimer. Die hohe Qualität der Tees sorgt auch weiterhin dafür, dass die Ostfriesen auf ihren Tee nichts kommen lassen und ihn auch weiterhin in großen Mengen genießen. Vielleicht färbt das ja irgendwann auf den Rest Niedersachsens ab.

Ingrid Buck, Volkskunde und Brauchtum in Ostfriesland, Leer 1986; Ernst Müller, De Utropper's kleines Buch vom ostfriesischen Tee, Leer 1998

Teufelsmoor

Im Teufelsmoor ist der Teufel los

Im Teufelsmoor bei Worpswede ist genauso der Hund verfroren wie in jedem anderen Moor in Niedersachsen auch. Wer heute durch das Teufelsmoor fährt – nicht mit dem Kahn, sondern auf der Straße –, der muss sich nicht vor dem Teufel fürchten. In der Regel sind die Straßen gut ausgebaut, verfügen über Markierungen links und rechts der Fahrbahn, und in den Orten am und im Moor gibt es sogar Straßenbeleuchtung. Zugegebenermaßen: Wenn die Moorbewohner ihre Feste feiern, dann ist ganz sicher was los im Teufelsmoor. Die können da schon richtig Gas geben. Den Teufel wird der Besucher dort aber trotzdem nicht antreffen.

Bevor es teuflisch weitergeht, erst einmal ein paar Zeilen zur geografischen Lage des Moores. Das Teufelsmoor macht einen großen Teil des Landkreises Osterholz-Scharmbeck in der Nähe von Bremen aus. In der Eiszeit lag das Moor in einem Schmelzwassertal. Es erstreckt sich über einen Bereich von circa fünfhundert Quadratkilometern. Der Fluss, der das Moor entwässert, ist die Hamme. Außerdem sorgen noch die Wümme und die Wörpe dafür, dass die südliche Region an Wasser verliert. Etwas trockener wird es erst in Richtung Osterholzer Geest und Zevener Geest.

Der Name Teufelsmoor leitet sich von dem Wort »doof« ab. Vorsicht, das heißt nicht, dass die Bewohner der Region bescheuert sind. Auch nicht, dass man ganz schön doof sein muss, um dort zu leben. »Doof« bedeutet in diesem Fall »taub« und steht für eine unfruchtbare Region. Schließlich gehörte das Teufelsmoor zu den Gegenden, in denen außer ein paar Birken und Gras nicht viel wuchs. Menschen fühlten sich dort schon gar nicht wohl. Über dem Moor lag ein Fluch, es war gefährlich. Immer wieder kamen Menschen aus dem Moor nicht mehr zurück, weil sie sich verlaufen hatten und versanken (↑Roter Franz). Erst im 17. und 18. Jahrhundert wurde es nach und nach besiedelt. Um 1750 wurde die Aufgabe professionell vom Moorkommissar Jürgen Christian Findorff übernommen. Wie in anderen Moorregionen Niedersachsens auch, etwa in den Fehnkolonien (↑Fehn) im Emsland und Ostfriesland, wurden die Neubürger vom Militärdienst und den Steuern befreit. Dafür war das neue Leben der ehemaligen Knechte und Mägde auf dem Weg zum ersten Eigentum mit reichlich Leid und Arbeit verbunden. Die Lebenserwartung war niedrig, und der Moorboden eignete sich denkbar schlecht für die Landwirtschaft.

Die Moorbewohner mussten erstmal eine dicke Schicht des Moorbodens abtorfen. Dazu wurden breite Kanäle gegraben. Der Torf kam dann auf flache Moorkähne und wurde über Nebenflüsse und Kanäle zur Hamme gebracht und dann nach Bremen verschifft. Die Bremer brauchten den Torf als Brennmaterial und waren sichere Abnehmer. Nachdem die Moorbewohner Millionen von Tonnen Torf abgebaut hatten und sich dadurch auch die klimatischen Bedingungen geändert hatten, veränderte sich der Landstrich. Kühe wurden angesiedelt, und die Milchwirtschaft nahm Fahrt auf. Das teuflische Moor hat seine gefährlichen Seiten so gut wie verloren.

Der bekannteste Ort im Teufelsmoor ist Worpswede. Worpswede liegt an der Hamme und ist ein staatlich geprüfter Erholungsort. Bei Ausgrabungen haben Forscher festgestellt, dass sich schon in der Bronzezeit die ersten Menschen angesiedelt hatten. Das könnte daran liegen, dass sich dort der Weyerberg erhebt. Mit 51 Metern Höhe ragt er über den Rest des Moorgebietes heraus (↑Berge). Zu Weltruhm kam Worpswede allerdings erst mit der Künstlerkolonie. Die wurde im Jahr 1889 gegründet. Vor allem Expressionisten und Impressionisten flüchteten aus den Städten ihrer Zeit in die Einsamkeit der Natur. Sie suchten Weite, Licht und die Nähe zur »einfachen Landbevölkerung« für ihre Motive. Zu den bekanntesten Künstlern gehören Fritz Mackensen, Hans am Ende, Otto Modersohn, Heinrich Vogeler, Fritz Overbeck und Paula Modersohn-Becker. Das einfache Leben auf dem Land gab auch Schriftstellern wie Rainer Maria Rilke oder der Bildhauerin Clara Westhoff Vorlagen für ihre Werke.

Die Künstlerkolonie Worpswede war beinahe eine Wohngemeinschaft. Die Künstler tauschten sich nicht nur über ihre Malstile aus, sie stritten oft über die politischen Realitäten ihrer Zeit und philosophierten über die Armut, die sie umgab. 1895 kaufte Heinrich Vogeler den »Barkenhoff«, übersetzt »Birkenhof«. Er baute ihn im Jugendstil um. Der Barkenhoff wurde danach der Mittelpunkt der Worpsweder Künstlerbewegung. Nach dem Ersten Weltkrieg befand sich hier eine Kommune und Arbeitsschule. Später verfiel der Hof immer mehr. Jetzt ist der Barkenhoff ein Museum und Unterkunft und Atelier für Stipendiaten der Barkenhoff-Stiftung.

Das Teufelsmoor mit seinen Ortschaften ist heute ein beliebtes Gebiet für Menschen, die aus der Stadt Bremen hinaus aufs Land ziehen wollen. Der »Speckgürtel« der Hansestadt. Die Zeit, als die Menschen noch an den Teufel im Moor glaubten, ist längst vorbei. Die Traditionen werden durch die Vereine am Leben erhalten. In jedem Jahr ziehen die Moorkähne mit ihren braunen Segeln über die Hamme nach Bremen. Die Landschaft dient heute als

Kulisse für Fernsehfilme und Reportagen. Wenn die Filmteams, wie für einen Tatort mit Maria Furtwängler, anrücken, dann ist im Teufelsmoor allerdings doch wieder der Teufel los.

Jürgen Teumer, Spaziergänge in Worpswede, Bremen 2007; Ernst Andreas Friedrich, Naturdenkmale Niedersachsens, Hannover 1980

Transit- und Wechselverkehr
→ Schnackenburg

Transrapid → Erfinder

Trichterbecherkultur → Hünengräber

Trio → Großenkneten

Varusschlacht

Die Varusschlacht fand nicht in Niedersachsen statt

Die Historiker sind sich zwar nicht einig, wo genau die Varusschlacht stattgefunden hat, mittlerweile ist Kalkriese bei Osnabrück allerdings der Favorit. Und Kalkriese liegt in Niedersachsen. Lange galt der Teutoburger Wald als Austragungsort des Kampfes, und auch in den Niederlanden wurden Spuren von Gefechten entdeckt. Die »Clades Variana«, also die Niederlage des Varus, wird von römischen Geschichtsschreibern als vernichtend beschrieben. Dabei saßen die Römer in großen Teilen Germaniens fest im Sattel. Das Ziel der römischen Militärstrategen war es, das Hoheitsgebiet des Reiches rechts des Rheins bis an die Elbe auszudehnen.

Bei der Varusschlacht wurden drei römische Legionen mit Tross und Hilfstruppen vernichtend geschlagen. Es gab kaum Überlebende. Um sich die Dimension klar zu machen: Dabei handelte es sich um ein Achtel des römischen Gesamtheeres. Das tat weh und fand deshalb wohl auch so breiten Raum in der römischen Geschichtsschreibung. Ob es Überheblichkeit oder Verrat oder beides war, ist bis heute nicht klar. Der Gegner des Varusheeres war »Hermann der Cherusker«, auch als Arminius bekannt. Ein Germane, der von den Römern ausgebildet worden war und ursprünglich für sie gekämpft hatte.

Varus war bis zu seinem Tod bei der Schlacht im Herbst des Jahres 9 n. Chr. ein erfahrener Militär- und Verwaltungsfachmann. Insofern hätte er mit einer solch starken Armee keine Probleme haben dürfen, sich gegen die Germanen durchzusetzen. Arminius, sein Gegner, konnte als Cheruskerfürst viele Germanen aus unterschiedlichen Stämmen gegen die Legionen der Römer zusammenführen. Als Kind oder Jugendlicher war er als Geisel nach Rom verschleppt worden. Er wurde römischer Offizier und galt als Bundesgenosse. Diese Ausbildung durchlief auch sein Bruder Flavus. Der blieb Rom ein Leben lang treu. Arminius schaffte es sogar bis zum Kommandeur. Deshalb kannte er die Kampftaktiken und wunden Punkte der römischen Truppen bestens. Nach seiner Rückkehr nach Germanien schaffte es Arminius nicht nur seinen eigenen Stamm, sondern auch noch die Marser, Chatten und Brukterer auf seine Seite zu ziehen.

Heute würde man Arminius als Doppelagenten bezeichnen. Er sollte für die Römer bei den Germanen spionieren. Er saß danach regelmäßig mit Varus an einem Tisch und berichtete diesem. Allerdings nur das, was er verraten wollte. Während seiner Aufenthalte bei den Germanen brachte er ihnen bei, wo die Römer am schwächsten waren. Wegen der Bewaffnung, der mitgenommenen Utensilien waren sie während eines Marsches nicht sehr flexibel.

Varus war Quellen zufolge mit seiner Truppe unterwegs in ein Winterquartier in der Nähe des heutigen Xanten. Xanten war gut ausgebaut und sicher vor Überfällen aufständischer Germanen. Geführt wurde die Truppe unter anderem auch von Arminius, der sich gut auskannte. Der Tross aus XVII., XVIII. und XIX. Legion war inklusive drei Reitereinheiten und sechs Kohorten ungefähr fünfzehn bis zwanzig Kilometer lang und 20 000 Mann stark. Geht man davon aus, dass Arminius den Tross durch das Wiehengebirge bei Kalkriese lotste, dann war es ein unbequemes Gelände. Morastig, waldreich und schwer zu passieren. Ideal für einen Angriff der leicht bewaffneten und flexiblen Germanen. Der Historiker Cassius Dio berichtet, dass die römische Truppe Bäume fällen und Dämme anlegen musste, damit Wagen und Reiter durch das dichte Unterholz durchkommen konnten. Der Boden war glitschig und schlecht zu laufen. Immer wieder stockte der Zug.

Genau der richtige Zeitpunkt, um anzugreifen. Auf offenem Feld hätten Arminius und seine Verbündeten gegen die Römer keine Chance gehabt. Auf dem ungünstigen Gelände konnten aber die Legionäre ihre Kampftaktik nicht anwenden. Sie wurden immer wieder auseinandergezogen, Truppenteile wurden isoliert und dann von den Germanen niedergemetzelt. Sie machten keine Gefangenen. An eine Flucht war nicht zu denken, überall wimmelte es nur so von germanischen Kämpfern. Zusätzlich machten die germanischen Hilfstruppen den Römern Probleme, denn die schlossen sich im Kampf Arminius an. Vier Tage und drei Nächte soll die Schlacht gedauert haben, dann war das römische Heer aufgerieben.

Varus tötete sich zusammen mit seinen Offizieren selbst. Eine solche Niederlage wäre ihm nie verziehen worden. Arminius brachte der Sieg ebenfalls kein Glück. Er wurde in Stammes- und Machtkonflikte unter den Germanen verwickelt und im Jahr 21 von Verwandten ermordet. In Kalkriese erinnern heute ein Museum und ein großer Park an den Sieg der Germanen unter Arminius über das römische Heer. Das Hermannsdenkmal im Teutoburger Wald steht dagegen inzwischen etwas abseits der Geschichte.

Cassius Dio, Römische Geschichte, Zürich 1986; Wilm Brepohl, Neue Überlegungen zur Varusschlacht, Münster 2004

Vitalienbrüder → Störtebeker, Klaus → Adel

Waalkes, Otto → Ostfriesenwitze

Wacholderhain

»Wacholderhain« ist der Name eines niedersächsischen Schnapsproduzenten

Es handelt sich hier nicht um das in Bayern übliche Verdrehen von Vor- und Zunamen. Es ist also nicht der »Wacholder Hain« im Sinne von »Heinrich Wacholder«. Es ist auch nicht der »Wacholder« als Kurzform des »Wacholderschnapses«, der von einem »Hain« gebrannt wird. Der »Wacholderhain« ist ein im Nordwesten Deutschlands einmaliges Areal im Emsland. Es ist achtunddreißig Hektar groß und gehört zum Naturschutzgebiet »Haselünner Kuhweide«.

Wie der Name sagt, wurde das Gebiet seit dem Mittelalter als Kuhweide genutzt. Und das noch bis in die 1960er Jahre. Das Besondere an diesem Hain sind die Pflanzen. Die Menschen selbst und die Emsländer in Haselünne haben vor rund tausend Jahren angefangen, ihre Kühe in die Wälder zu treiben. Das machten Kuhhirten oder, um es etwas wildromantischer zu sagen, Cowboys. Die Stieleichen waren damals die typische Pflanzenart dieser Wälder. Der Appetit der Kühe sorgte dafür, dass sich junge Bäume nicht lange gehalten haben. Die Vierbeiner haben sich quasi in die Bäume verbissen. Die älteren Bäume wurden aber auch in Mitleidenschaft gezogen. Da, wo die Cowboys mit ihren Armen im Sommer hinkamen oder mal eben schnell klettern konnten, rupften sie die Zweige ab. Das war sozusagen der Naschkram für die Kühe im Winter.

Deshalb hatten nur noch die Pflanzen eine Chance zu überleben, die für die Kühe unattraktiv waren. Wer sich schon mal bei einem Spaziergang Hose oder Bein an Dornen aufgerissen hat, der rupft an diesen Büschen sicher nicht rum. Und die Kühe hatten auch keine Lust auf aufgeschlitzte Zungen. Deshalb konnte sich der Wacholder prima ausbreiten. Aus demselben Grund konnten das auch Stechpalmen, Brombeeren, Hundsrosen, Schlehe oder der Weißdorn. Und weil man durch so einen Hain kaum durchkommt, haben sich an manchen Stellen auch wieder Eichen blicken lassen. Besucherwege führen heute durch diesen Hain. Im angrenzenden Naturschutzgebiet gibt es wieder große Tiere zu sehen. Nicht Kühe, sondern Tarpan-Pferde laufen durch die »Emsländische Prärie«. Tarpan-Pferde sind Nachfahren eines eurasischen Wildpferdes, das vor allem an den Ausläufern des Urals zu Hause war.

So viel zum Wacholderhain. Jetzt zum Wacholderschnaps. Der wird in Haselünne gemacht. Wer es noch nicht weiß: Haselünnes Spitzname ist »Fuseltown«. Das liegt daran, dass es in Haselünne drei große Schnapsbrennereien gibt, von denen eine auch noch Wacholderschnaps im Angebot hat. Von den drei Namen Berentzen, Rosche und Heydt dürfte Berentzen wohl der bekannteste sein. 1758 wurde die Firma in Haselünne gegründet. 1976 machte Berentzen mit dem »Apfelkorn« Furore: »Fruchtiger Spaß im Glas« war angesagt. Und das nicht nur bei den Emsländern. Der »Appelkorn« eroberte Deutschland, Europa und die Welt. Bis nach Australien und Neuseeland kennt man das emsländische Kultgetränk. Die Gruppe »Die 3 Colonias« haben dem Apfelkorn sogar ein Lied gewidmet. »Bier und 'nen Appelkorn« heißt es schlicht und ergreifend und sagt nur aus, wozu man Apfelkorn trinken kann.

Auch die anderen Brennereien sorgen für ordentlich »Umdrehungen«, sprich Volumenprozente, im Glas. Den Wacholderschnaps brennt übrigens Heydt. Dabei wird allerdings nicht mehr der Wacholder aus dem Haselünner Wacholderhain benutzt. Der Wacholder für das hochprozentige Getränk kommt aus der Toskana.

Tobias Böckermann, Hudelandschaften im Emsland, Über die Entstehung von »Borkener Paradies«, »Haselünner Wacholderhain« und die alten Heiden, Emsländische Geschichte, Bd. 14/2007; www.haseluenne.de; www.berentzen.de

Wattenmeer → Ostfriesische Inseln

Wattenmeer → Ostfriesische Inseln

Wattwürmer → Ostfriesische Inseln

Wattwürmer → Ostfriesische Inseln

Welfen

Die Welfen sind ein niedersächsisches Herrschergeschlecht

Sind sie das etwa nicht? Was sind sie dann? Die Welfen sind eine der ältesten Adelsdynastien (↑Adel) in Europa. Ihr Stammbaum reicht bis ins Reich Karls des Großen zurück (↑Widukind). Mit dessen Nachfahren waren sie sogar verschwippt und verschwägert. Heute sind sie vor allem als ehemalige Herrscher von Hannover präsent (↑Ernst August). Jeder kennt Heinrich den Löwen, den legendären Herzog von Sachsen (↑Niedersachsen). Da wundert es nicht, dass die Welfen oft als alteingesessene Familie aus dem niedersächsischen Raum gelten. Das ist allerdings total falsch. Der erste nachweisbare Welfe war ein Graf Ruthart. Der lebte um das Jahr 800 im Argengau, einem Gebiet nördlich des Bodensees, im heutigen Baden-Württemberg und Bayern. Er war also ein Schwabe (↑Hochdeutsch)!

Ein Zweig von Rutharts Nachkommenschaft hat später das burgundische Königshaus gegründet. Ein anderer übernahm das Herzogtum Bayern. Nach Norddeutschland kam die Familie erst viel später. Im Jahr 1106 fiel ihnen der Besitz der ausgestorbenen Billunger im Raum Lüneburg zu. 1137 erbte dann Bayernherzog Heinrich der Stolze das Herzogtum Sachsen. Heinrich, der seinen Beinamen nicht zu Unrecht trug, brüstete sich, »von Meer zu Meer« zu herrschen. Damit war im Norden die Nordsee gemeint (↑Seen) und im Süden das Mittelmeer. Dort besaß er ebenfalls Ländereien. Wegen dieser Machtfülle verlangte er sogar die deutsche Königskrone. Er unterlag allerdings seinem Konkurrenten und musste im Streit um die Krone 1138 seine Herzogtümer Bayern und Sachsen abgeben. Ein Jahr später starb Heinrich der Stolze. Sein Sohn, Heinrich der Löwe, war noch ein unmündiges Kind.

Die Geschichte der Welfen in Niedersachsen hätte also sehr schnell zu Ende sein können. Sie war es aber nicht. Das lag vor allem an Welf VI. Der regierte zwei mächtige Fürstentümer in Italien und kämpfte mit diplomatischen und militärischen Mitteln um die deutschen Besitztümer seiner Familie. Heinrich der Löwe wurde als Ergebnis dieser Bemühungen im Jahr 1142 Herzog von Sachsen. Und Heinrich nahm seine neue Rolle an. Von Braunschweig aus festigte er seine Macht in der Region und bemühte sich gleichzeitig um gute Beziehungen zu seinem Cousin, Kaiser Friedrich Barbarossa. Sein Ziel war auch, das Herzogtum Bayern für seine Familie zurückzugewinnen. Das gelang ihm im Jahr 1156. Die Welfen wurden, kann man sagen, erst in den vierzehn Jahren, in denen Heinrich nur über das Herzogtum Sachsen verfügte, zum niedersächsischen Herrschergeschlecht. Vorher war Bayern für den deutschen Zweig der Familie immer das wichtigere Land gewesen. Aber selbst beide zusammen reichten Heinrich noch nicht. Er wollte mehr Macht im Reich und wurde dadurch für den Kaiser zu einer immer größeren Bedrohung. Außerdem machte er sich durch seinen Expansionskurs in Norddeutschland sehr viele Feinde. Dazu gehörten die Erzbischöfe von Magdeburg und Bremen sowie der Bischof von Halberstadt. Die drei beschwerten sich bei Barbarossa. Diese Gelegenheit nutzte der Kaiser. Wegen der Entwendung von Kircheneigentum ächtete er Heinrich und setzte ihn ab. Heinrich wehrte sich zwar, musste nach seiner Niederlage Ende 1180 aber dennoch fliehen. Seine Herzogtümer wurden aufgelöst und an andere Fürsten verteilt.

Erst nach jahrelangem Ringen konnte er sich für seine Nachkommen zumindest die ererbten Besitzungen Lüneburg, Braunschweig und Göttingen sichern. Die hatten formal nie zum Herzogtum Sachsen gehört, bildeten aber nach dem Tod Heinrichs den Grundstock für das Herzogtum Braunschweig-Lüneburg, mit dem 1235 sein Enkel Otto belehnt wurde. Dieses Gebiet wuchs einerseits im Lauf der Jahrhunderte durch Heiraten, Erbschaften und Ankäufe immer weiter. Andererseits sorgte die Erbfolgeregelung der Welfen dafür, dass die Besitztümer in immer kleinere Teile zerfielen. Sie besagt nämlich, dass nicht alles an den Erstgeborenen fällt, sondern zwischen den Erben aufgeteilt werden muss. So gliederte sich der Besitz in die Bestandteile Lüneburg, Braunschweig, Braunschweig-Wolfenbüttel, Calenberg-Göttingen und so weiter.

Mit diesem verwirrenden Hin und Her war erst gegen Ende des 17. Jahrhunderts Schluss. Ernst August Herzog von Braunschweig und Lüneburg sowie Fürst von Calenberg setzte nach zähen Verhandlungen mit seinen Verwandten das Erstgeburtsrecht im Welfenhaus durch. Das war eine wichtige Voraussetzung dafür, dass er 1692 die Würde eines Kurfürsten erlangen konnte. Von da an ging es mit der überregionalen Macht der Welfen wieder aufwärts. Das führte sogar zur Personalunion mit Großbritannien (↑Ernst August). Deshalb hält so mancher die Welfen auch für ein britisches Adelsgeschlecht. Auch das ist natürlich falsch. Im Grunde sind die Welfen eine gesamteuropäische Dynastie. Und das nicht nur wegen der mittelalterlichen Verbindungen nach Burgund oder Italien. Die gab es auch in jüngerer Zeit. Die Tochter von Ernst August III., Friederike Luise, heiratete 1938 den griechischen Prinzen Paul. An seiner Seite war sie von 1947 bis 1964 Königin von Griechenland. Tochter Sophia ist heute übrigens die Königin von Spanien. Von solchen Verbindungen konnte Graf Ruthart von Argengau noch nicht einmal träumen.

Niedersächsische Landeszentrale für politische Bildung (Hg.), Niedersachsen-Lexikon, Göttingen 2004; Karl-Ludwig Ay, Lorenz Maier, Joachim Jahn (Hg.), Die Welfen, Konstanz 1998; Paul Barz, Heinrich der Löwe und seine Zeit, München 2008

Widukind

Sachsenherzog Widukind ist der Stammvater der Niedersachsen

Kennen Sie die Geschichte des Herzogs Widukind? Oder auch Wittekind genannt?

Dann ergeht es Ihnen wie vielen anderen Niedersachsen auch. Er wird im ↑Niedersachsenlied kräftig besungen und gilt als der Stammvater der Niedersachsen, und trotzdem weiß kaum jemand, wer Widukind eigentlich war? Schon kurz nach seinem Tod wurde aus dem Herzog eine sagenumwobene Gestalt. Er hatte über Jahre den sächsischen Widerstand gegen den Frankenkönig Karl den Großen angeführt. Ursprünglich lebten die Sachsen im heutigen Schleswig-Holstein. Ab dem 4. Jahrhundert weiteten sie ihr Herrschaftsgebiet allerdings aus. Es ging in südwestlicher Richtung über die Elbe. Einige Jahrhunderte später gerieten sie dann immer wieder mit dem aufstrebenden Stamm der Franken aneinander. Die Sachsen ärgerten die Franken mit Gefechten, Raubzügen, Grenzkriegen und Scharmützeln ordentlich. Nachdem Karl der Große im Jahr 711 auf den Thron gekommen war, gingen die Franken zur Offensive über. Auf ihrer Fahne stand allerdings nicht nur die Ausdehnung ihrer Macht, sondern auch noch die Verbreitung des Christentums. Denn die alten Sachsen waren Heiden, die Franken Christen. Der Geschichtsschreiber Einhard hat das so gesehen: »Die Sachsen, die wie fast alle Völker auf dem Boden Germaniens wild von Natur, dem Götzendienst ergeben und gegen die Religion feindselig waren, hielten es nicht für unehrenhaft, göttliches und menschliches Recht zu schänden und es zu übertreten. (…) Das erbitterte die Franken so, dass sie nicht mehr bloß Gleiches mit Gleichem heimgaben, sondern offen Krieg mit ihnen führen wollten.« Es begann ein über dreißig Jahre andauernder Kampf. In die Geschichtsbücher ist er als »die Sachsenkriege« eingegangen.

Ein Großteil der sächsischen Oberschicht war bereit, sich mit den Franken zu arrangieren. Sie ließen sich sogar taufen. Die Stände von niedrigerem Rang wollten sich nicht so schnell geschlagen geben. Sie waren nicht bereit, auf ihre alten Traditionen und ihren Glauben zu verzichten. Das war die Stunde des Widukind. Er stellte sich an die Spitze des Widerstandes und organisierte einen weiteren Krieg gegen die Franken. Bei Verden an der Aller erlitten die Truppen von Karl dem Großen eine schwere Niederlage. Das war im Jahr 782. Was folgte, ist als das »Verdener Blutgericht« bekannt geworden. 4500 Sachsen sollen dabei hingerichtet worden sein. Widukind floh rechtzeitig in das befreundete Dänemark, kehrte jedoch bald zurück. Drei Jahre später gelang es Karl, die Aufständischen bis an die Elbe zurückzudrängen. Widukind musste sich der fränkischen Übermacht beugen und ließ sich taufen. Karl selbst wurde sein Pate und beschenkte Widukind reich. Der Papst ließ ein dreitägiges Dankesfest feiern. Danach verlieren sich plötzlich die Spuren von Widukind. Die Sachsen kämpften auch ohne ihn weiter. Erst im Herbst 804 unterwarfen sie sich endgültig. Sie hatten immerhin erreicht, dass sie als gleichberechtigtes Volk in das Frankenreich aufgenommen wurden. Im Laufe der Zeit verschmolzen sie dann mit ihnen.

Also, was weiß man jetzt über Widukind? Er hat lange gekämpft, sich dann unterworfen und seine Sachsen sich selber überlassen. Trotz dieses aus heutiger Sicht doch eher unheldenhaften Abgangs wurde er plötzlich im 18. und 19. Jahrhundert als Prototyp des Freiheitshelden und Kämpfers gegen Fremdherrschaft (wieder) entdeckt. Ein Beispiel dafür ist das schon erwähnte ↑Niedersachsenlied. Darin wird auch das »Verdener Blutgericht« beschrieben: »Vieltausend Brüder fielen von des Henkers Hand / vieltausend Brüder für ihr Niedersachsenland.«

Es ist allerdings fraglich, ob man die Traditionslinie ohne weiteres von den Sachsen zu den späteren Niedersachsen ziehen darf. Das Gebiet der Sachsen war zum Beispiel wesentlich größer als das heutige Niedersachsen. Es umfasste auch weite Teile von Schleswig-Holstein und Nordrhein-Westfalen. Die frühmittelalterlichen Sachsen waren auch kein homogener Stamm. Sie zerfielen in drei Unterstämme, »Heerschaften« genannt: Es gab die Westfalen, die vor allem westlich der Weser siedelten, die Ostfalen zwischen Weser und Elbe und die Engern in der Mitte, beiderseits der Weser. Geografisch gesehen könnte man also höchstens die Engern und Ostfalen als die Vorläufer der Niedersachsen betrachten.

Widukind war allerdings Westfale. Sein Andenken wird heute daher vor allem in Ostwestfalen sehr gepflegt. Die Gegend zwischen Enger, Herford und Minden wird sogar gelegentlich als »Widukind-Land« bezeichnet. Und die Stadt Enger, heute liegt sie in Nordrhein-Westfalen, präsentiert sich als »Widukind-Stadt«. Dort gibt es nicht nur das Widukind-Museum, in Enger wird jedes Jahr am 6. Januar zu seinem angeblichen Todestag das Timkenfest gefeiert.

Die Frage der Stammvaterschaft von Widukind ist also keinesfalls endgültig geklärt. Es ist allerdings sowieso eine müßige Frage. Da – nach Ansicht vieler Genealogen – ohnehin fast alle Deutschen direkt oder indirekt mit Karl dem Großen verwandt sind, stammen wir vermutlich auch alle irgendwie von Widukind ab. Vorausgesetzt natürlich, dass er Kinder hatte. Leider lässt sich allerdings nicht einmal das mit Sicherheit sagen.

Anne Roerkohl, Widukind. Geschichte und Mythos, Münster 1996; Stefan Brakensiek (Hg.), Widukind. Forschungen zu einem Mythos, Bielefeld 1997; www.widukind-museum-enger.de

Wolfsburg → Käfer

Wulff, Christian → Palmen

Wunder von Lengede

Das »Wunder von Lengede« war ein niedersächsisches Fußballereignis

Mit dem »Wunder von Bern« sollte man das »Wunder von Lengede« nicht verwechseln. Während 1954 »nur« ein paar Tore auf dem Fußballfeld fielen, konnten in Lengede elf totgeglaubte Kumpels in letzter Sekunde aus einem Bergwerk lebend gerettet werden. Das ist schon ein anderes Kaliber.

Zur Geschichte: Am 24. Oktober 1963 kam es in Lengede zu einem der schlimmsten Bergwerksunglücke in Deutschland. Lengede liegt im Südosten des Landkreises Peine. Zu Lengede gehören mehrere Ortschaften. Unter anderem der Ort Broistedt. Bis zu diesem Tag war der Ort zu keiner Berühmtheit gelangt. Als jedoch am 24. Oktober ein Klärteich brach, lief rund eine halbe Million Kubikmeter Schlammwasser in das Stollensystem des Bergwerks. Das Wasser überflutete die Stollen zwischen den 100- und 60-Meter-Sohlen. Davon wurden 129 Bergleute im Schacht »Mathilde« überrascht. Es schien, als ob es für sie keinen Ausweg gäbe. 79 von ihnen schafften es jedoch relativ schnell über Wetterbohrlöcher und Schächte an die Oberfläche. Knapp einen Tag später konnten noch einmal sieben Bergleute lebend geborgen werden. Doch was sollte aus den übrigen 43 Männern werden, die noch eingeschlossen waren? Niemand konnte genau sagen, wo sie sich befanden. Trotzdem wurde eine Rettungsaktion organisiert. Man wollte nichts unversucht lassen.

Am 1. November dann Teil eins des »Wunders von Lengede«. Drei Kumpel hatten sich durch Klopfzeichen bemerkbar gemacht. Sie wurden von Spezialtrupps aus der Tiefe gerettet. Jetzt schien es, als ob diese drei die letzten gewesen wären, die man wieder ans Tageslicht holen konnte. Ein Teil des Rettungsgerätes wurde wieder abgebaut und war schon auf dem Weg zurück zu den Firmen, die es ausgeliehen hatten.

Ein Hauer des Bergwerks hatte jedoch eine Idee. Man sollte doch versuchen, im Gebiet um den sogenannten »Alten Mann« zu suchen. Ein alter Stollen. Eine Bohrung dort war jedoch nicht so einfach. An der Oberfläche verliefen genau an dieser Stelle Eisenbahngleise. Also setzte man die Bohrung neben den Gleisen an. Am 3. November um vier Uhr in der Nacht brachten die Bohrtrupps die Bohrung nieder. Zum Glück lief der Bohrer leicht schräg in das Erdreich. Wohl nur deshalb wurde die in 58 Metern Tiefe liegende Höhle getroffen, in der elf Männer überlebt hatten. Tagelang im Dunkeln, kaum Wasser, nichts zu Essen. Sie hatten ständige Todesangst, aber immer noch die Hoffnung auf Rettung, wie Adolf Herbst, einer der Männer, später berichtete. Er war damals zwanzig Jahre alt und erst eine Woche vorher das erste Mal in einen Stollen eingefahren. Am Tag nach dem Unglück wollte er eigentlich seine Verlobung feiern und hatte deshalb einer Doppelschicht zugestimmt.

Durch das Bohrrohr konnte man den Eingeschlossenen Nahrung herunterlassen. Außerdem wurde eine Telefonleitung mit einem Mikrofon herabgelassen. Nach diesem Erfolg und nachdem der Zustand der Männer durch die erste Bohrung und die Versorgung stabilisiert werden konnte, gingen die Helfer an die Arbeit. In den frühen Morgenstunden des 4. November wurde mit der Rettungsbohrung angefangen. Am 6. November besuchte der damalige Bundeskanzler Ludwig Erhard die Unglücksstelle. Über das Mikrofon unterhielt er sich mit den Eingeschlossenen und sprach ihnen Mut zu. Mittlerweile konnte die ganze Welt durch die Fernsehberichterstattung bei der Rettungsaktion mitfiebern.

Am 7. November 1963 war es dann so weit. Die Rettungsbohrung war zu den Männern durchgestoßen. Um die Eingeschlossenen aus der Tiefe an die Oberfläche zu holen, benutzte man eine sogenannte »Dahlbuschbombe«.

Eine zigarrenförmige Rettungskapsel, die genau durch den Schacht passte. Der Steiger Lambert Ax wurde mit dieser Kapsel zu den Männern nach unten gelassen. Er sollte den durch die tagelange Dunkelheit und Luftknappheit geschwächten Männern in die Kapsel helfen. Um 14 Uhr 20 war das Wunder vollbracht. Der letzte der elf geretteten Kumpel war wieder an der Erdoberfläche.

Das »Wunder von Lengede« war nur möglich, weil beinah tausend Menschen unermüdlich mitgearbeitet hatten. Spezialbergungstrupps aus dem Ruhrgebiet, Druckkammerspezialisten, Bohrtrupps aus dem Emsland, das Technische Hilfswerk, Saugbohrgeräteführer aus Salzgitter und viele mehr.

Für neunundzwanzig Kumpels kam allerdings jede Hilfe zu spät. Sie fanden unter Tage den Bergmannstod. Heute erinnert ein Denkmal in Lengede an das Wunder von 1963.

Manfred Meier, Das Wunder von Lengede, Frankfurt am Main 2003

Wurster Land

Im Wurster Land gibt es die besten Würste

Wurst, köstlich! Wenn sie gut gemacht ist. In Niedersachsen gibt es ziemlich viele Schlachter, die gute Wurst herstellen (↑Pinkelfahrt). Auch im Wurster Land. Der Name des Landstrichs stammt allerdings nicht von der Wurst, weder von der im Darm noch von der auf dem Grill.

Das »Land Wursten«, wie es auch heißt, ist eine historische Landschaft direkt an der Nordsee zwischen Bremerhaven und Cuxhaven. Schon im Mittelalter war es bekannt als östlichste Landschaft der »Freien Friesischen Seelande«. Das Wort Wursten stammt, wie viele andere in dieser Region, von einem niederdeutschen Begriff ab. Die Menschen, die dort wohnten, wurden als »Wurtsassen« oder »Wursaten« bezeichnet, weil sie auf Wurten lebten. Das waren Hügel, die die Bewohner aufhäuften, um darauf ihre Häuser zu bauen. Diese Wurten waren die einzigen Rückzugsgebiete für die Menschen, wenn der ↑»Blanke Hans« mal wieder tobte und die Küstengebiete von Wasser überschwemmt waren. Erst später wurden die Deiche gebaut, die heute die gesamte Küstenlinie sichern.

Das Land Wursten besteht im Wesentlichen aus Marschland. Im Osten wird es von der Hohen Lieth, einem Geestrücken, begrenzt. Seit vielen Jahrhunderten ist die Region landwirtschaftlich geprägt. Kühe, so weit das Auge reicht. Auch touristisch ist das Wurster Land voll erschlossen. In den Orten an der Nordsee gibt es zahlreiche Campingplätze und Ferienwohnungen. Auch »Ferien auf dem Bauernhof« sind angesagt. Die kleinen Fischerhäfen Spieka, Wremen und Dorum bieten Tagesausflüge auf die Nordsee. Das Wurster Watt gehört zum Nationalpark Niedersächsisches Wattenmeer.

Bei Ausgrabungen im Küstenstreifen haben Forscher Siedlungsspuren aus dem 8. Jahrhundert entdeckt. Die Funde deuten darauf hin, dass dort damals die Friesen siedelten. So schön die Küste heute ist, zwischen dem 8. und 11. Jahrhundert wurde sie immer wieder von Wikingern heimgesucht. Danach war das Land Wursten lange selbstständig. Im 15. Jahrhundert wurde es mit einem Kirchenbann belegt. Grund dafür war die von den Einwohnern betriebene Strandräuberei. Wie in Ostfriesland liefen Schiffe durch falsche Leuchtfeuer der Wurster auf und wurden von ihnen ausgeraubt.

Während der »Kontinentalsperre« gegen Großbritannien Anfang des 19. Jahrhunderts machten sich die Schmuggler die kleinen Häfen des Landes Wursten zunutze. Die Wasserwege waren tückisch, und die Tiefen änderten sich ständig. Das wilde Wesen passte eben doch besser zu den Wurstern. Bei ihren Nachbarn galten sie als trinkfest und stolz. Das belegt auch dieses Gedicht:

Dack un Gebel open
Dach un Nach besopen
Vör't Hus groot Wapen
So kann' denn Wurster drapen.

(Dach und Giebel offen,
Tag und Nacht besoffen,
Am Haus ein großes Wappen,
So kann man den Wurster treffen.)

Dass die Wurster bei diesem umtriebigen, wilden und kampflustigen Lebenswandel ordentlich was zwischen die Zähne brauchten und brauchen, ist klar. Anzunehmen ist deshalb, dass ihnen die Produkte der ortsansässigen

Schlachter immer ausreichend Kraft geben. So kommt sicher des Öfteren eine köstliche Wurst im Wurster Land in die Pfanne oder auf den Grill.

Jens Dircksen, Claudia Dircksen, Land Wursten, Bremerhaven 2007; Erich von Lehe, Geschichte des Landes Wursten, Bremerhaven 1973

Liste der Niedersachsen-Irrtümer

Adel 9
Alle Vögel sind schon da → Nationalhymne
Alpenkatze → Käfer
Altes Land 12
Amerika 16
Andersen, Lale 18
Artland 23
Bahlsen 25
Benrather Linie → Hochdeutsch
Berge 28
Bergius, Friedrich → Nobelpreisträger
Berliner, Emil → Erfinder
Bexhövede → Buxtehude
Bienen 31
Bier 32
Blanker Hans 36
Blütenfest → Altes Land
Bodenschätze 38
Bullenschluck 41
Bundesland 43
Bunnenberg, Liese-Lotte → Andersen, Lale
Bunsen, Robert Wilhelm → Erfinder
Buxtehude 46
Das Lied der Deutschen → Nationalhymne
DDR 48
Dümmer 51
Ein Männlein steht im Walde → Nationalhymne
Eisenbahn 53

Eisenbarth, Andreas 55
Erdöl → Bodenschätze
Erfinder 58
Ernst August 62
Eucken, Rudolf → Nobelpreisträger
EXPO 2000 66
Fallersleben, Heinrich August Hoffmann von
→ Nationalhymne
Fehn 69
Fürstenberg → Porzellan
Gänseliesel 72
Gebrüder Grimm → Göttinger Sieben
Göttingen → Gänseliesel → Göttinger Sieben
Göttinger Erklärung → Göttinger Sieben
Göttinger Sieben 76
Granat 78
Großenkneten 82
Grote, Hermann → Niedersachsenlied
Grünkohl → Palmen
Haase, Hugo → Erfinder
Hameln 85
Hanse 88
Harzer Roller 90
Haselünner Kuhweide → Wacholderhain
Häuptlinge → Adel
Heideromantik → Lüneburger Heide
→ Löns, Hermann
Hochdeutsch 92
Hundertwasserbahnhof → EXPO 2000
Hünengräber 95

Käfer 98
Kanarienvogelmuseum → Harzer Roller
Klitzing, Klaus von → Nobelpreisträger
Klootschießen 103
Knigge 108
Koch, Robert → Nobelpreisträger
Kohlkönig → Palmen
Krebs, Hans Adolf → Nobelpreisträger
Künstlerkolonie Worpswede → Teufelsmoor
Kussprozess → Gänseliesel
Leibniz, Gottfried Wilhelm 113
Leuchttürme 116
Löns, Hermann 119
Lüneburger Heide 123
Mann von Neu Versen → Roter Franz
Marienborn → DDR
Meyerhof, Otto → Nobelpreisträger
Miesmuscheln → Ostfriesische Inseln
Milchstraße 127
Moin 130
Morgen kommt der Weihnachtsmann
→ Nationalhymne
Münchhausen, Freiherr von 133
Nationalhymne 136
Niedersachsen 139
Niedersachsenlied 142
Nobelpreisträger 146
Norddeutsche Sahara → Lüneburger Heide
Ostfriesenwitze 147
Ostfriesische Inseln 150

Ostfriesische Palme → Palmen
Palmen 154
Pelikan → Erfinder
Pferde 158
Pinkelfahrt 160
PISA-Studie → Nobelpreisträger → Schiefer Turm
Platt 164
Porzellan 167
Quakenbrück 170
Rattenfänger → Hameln
Remarque, Erich Maria 172
Roter Franz 176
Russland → Amerika
Sachsen → Niedersachsen
Sachsenross 180
Saterfriesisch 183
Saurier 185
Schafe → Lüneburger Heide
Schiefer Turm 187
Schiffe 189
Schnackenburg 191
Schröder, Gerhard → Palmen
Schützenvereine 193
Seeltersk → Saterfriesisch
Seen 195
Störtebeker, Klaus 197
Summ, summ, summ ... → Nationalhymne
Tee 202
Teufelsmoor 205
Transit- und Wechselverkehr → Schnackenburg

Transrapid → Erfinder
Trichterbecherkultur → Hünengräber
Trio → Großenkneten
Varusschlacht 209
Vitalienbrüder → Störtebeker, Klaus → Adel
Waalkes, Otto → Ostfriesenwitze
Wacholderhain 213
Wattenmeer → Ostfriesische Inseln
Wattwürmer → Ostfriesische Inseln
Welfen 216
Widukind 219
Wolfsburg → Käfer
Wulff, Christian → Palmen
Wunder von Lengede 223
Wurster Land 226